近くを冒険するハンドブック

neoコーキョー 1

勝手にカウント調査をはじめよう

はじめに——neoコーキョーシリーズと焼き鳥

辻本達也

半袖だったとおもう。ぼくらは帰りのバス停まで歩いていた。途中で、生垣《いけがき》を囲うコンクリートがつくるちょっとしたスペースにふたりして座った。目の前に見えるマンションの背は高く、小学六年生だったから、今よりそれが大きく見えていた。

「知ってる?」サカボンがマンションを指差して言う。

「え、なにが」

「トイレがさ」

「ん? なに」

「あそこに縦に並んでるんだぜ。焼き鳥みたいに」

勝手にカウント調査とは、その名のとおり、カウンターを持って路上にすわり、好きな対象をかぞえる調査のことです。道を歩いていると、たまに簡単な椅子にすわってなにかをかぞえてるひとっていますよね。あの調査には、出店場所を決めるとか赤信号の長さを決めるとか目的がありますが、この調査にそのような目的はありません。思いつきで始めてみたわけです。いざ始めてみると数を記録することももちろんですが、それ以上に、いつも歩いている街や路地、通行人などについて考えることが日に日に面白くなっていきました。

調査を始めたのは二〇二一年春のこと。四月二五日。ふりかえるとそれは、東京で新型コロナウィルス感染症による三度目の緊急事態宣言がスタートした日でした。それでも街には、新入社員らしきスーツ姿の若者たちやアニメキャラクターグッズを買いに行くのであろう学生さんたち、仕事用らしき鞄を手に早足で歩く大人たち、キャリーケースを引いて歩くおばあちゃんたちなど、様々な体があり、それぞれの過ぎゆく生の数秒がありました。

街にじっとすわってカウンターを押していると、普段とはみえるものやきこえるもの、頭に浮かぶものがちがってきます。neoコーキョーシリーズがもくろんでいるのも、じつはそのような体験です。近くを冒険するためのとっかかりをつくること。そう言いかえることもできます。

たとえば、目の前にコップがあるとして。それをみて、ふと「このコップはどこのどんなひとが採取した原料からできているんだろう。これからどんなひとの手を渡ってゴミになり、処分されるのだろう?」と想像し、想像するだけでも十分冒険ですが、そこからじっさいに動いて調べてしまうようなこと。わたしのとなりに座っているひとは、どんなふうにわたしとは違った本の読みかたをするのだろう?／紙に炎という文字が書かれてある。この黒い線分をみると〈炎〉という〈感じ〉が浮かぶけれど、これは魔法みたいではないか?／わたしの両親や祖父母は、どんなふうにわたしが生まれる前を生きてきて、その経験はどのように自分に受け継がれているのだろう?

とこんなふうに、近くをぼーっと眺めていると、日常に隠れた宝箱がみえてくることがあります。それらを現地まで行ってひとつずつひらいていく。neoコーキョーはそんなシリーズです。

この本は、実はぼくにとって初めての出版物です。手に取っていただいた方、ひとりひとりに会いに行きたいと思うほど嬉しく、また緊張しています。今後ともどうぞよろしくお付き合い下さい。

それでは、前書きはこのへんにして近くの冒険に出ましょう。今回の「近く」は路上。みなさんの街やその路地にはどんな時間が流れていますか?

Diversity Stories
Wellness
Social Communication
Infrastructure
History & Fiction
Geography

neo

1

用意するもの

まずやること
キャンピングチェア
1500円
キャンピングチェア
2600円
東急ハンズ
F
7
6 キャンプ
5
4
1980

・6連式数取器（カウンター）
1つから売っているのだけれど多ければ多いほど、
数える種類が増えて良い。

・折りたたみキャンピングチェア
軽ければ軽いほど良い。数えにいくときの一番大きな荷物に
なるので、リュックに入るとか片手で持てるサイズがおすすめ。

・ペーパーボード／ペン
気付いたことをメモする。数えている以外のことの方がおもし
ろかったりする。

・サングラス
なくても大丈夫だが、あると恥ずかしさ軽減。

・飲み物／タオル／時計

・良い感じの電信柱や街路樹
通行人の目からすこし隠れられるような物が見付か
ると良い。

勝手にカウント調査 2021

04.25 - 05.03

調査日誌 #1

2021-04-25 SUN

14:20

心細かった。いまからおれは池袋の路上で人の数をかぞえようとしている。

街は日曜なりにそこそこ賑わっている。すわれそうな場所を探し歩くけれど、どこにすわっても白い目で見られる気がした。さっき東急ハンズで道具を買い揃えたのに今日は無理なのかもしれない。ふがいない気持ちであてなく歩いていると、目の端にすう、とクリスティアーノ・ロナウドが入ってくる。壁から見下ろすようにして半裸で椅子に腰かけている。池袋の街に全然そぐわないその姿に、おれはどうしてか少しホッとした。

――ここならすわれるかもしれない。人通りも十分だ。おれはそそくさと道の端へ行き　目を伏せながら赤いトレックチェアをひらく。

LOGOS
(ステンパーツ) 7075 トレックチェア(背付)

MTG
we have many dreams

14:45

膝にカウンターを置いてボタンを押し始める。こちらを見る人はほぼいないのだが目を向けられている気がしてしまう。今日はなにか閃く余裕がなさそうなのでただ自分の前を通りすぎる人を一人ずつかぞえる。

15:10

想像以上にカウンターを押すのは忙しい。今は1つしかボタンを押していないが、いずれ6つのボタンそれぞれで6項目かぞえたい。しかしそれがいずれできるようになるとは思えない。それほど次々人がやってくる。

これが人流か？
と思うが人流というコトバには
受け入れられない何かがある。

15:30

座り続けているのがつらくなってくる。クリスティアーノ・ロナウドがイメージキャラクターをしている広告には足元に〈2F SIXPAD SHOP すべてのシーンにすっと。お体感いただけます〉と書かれている。ちなみにおれは別に彼のファンでもなんでもない。

高校生のときは実は
スカパーに入ってまでサッカーを観ていた。
イングランドリーグのチーム
Chelsea FCのランパードのファンだった。

15:45

1時間を区切りにカウントをやめる。最後の方は緊張して時計ばかり見てしまった。普段なら全然見向きもしないのだが、朦朧とした頭でヤマダ電機の2階に行くことにしてみる。

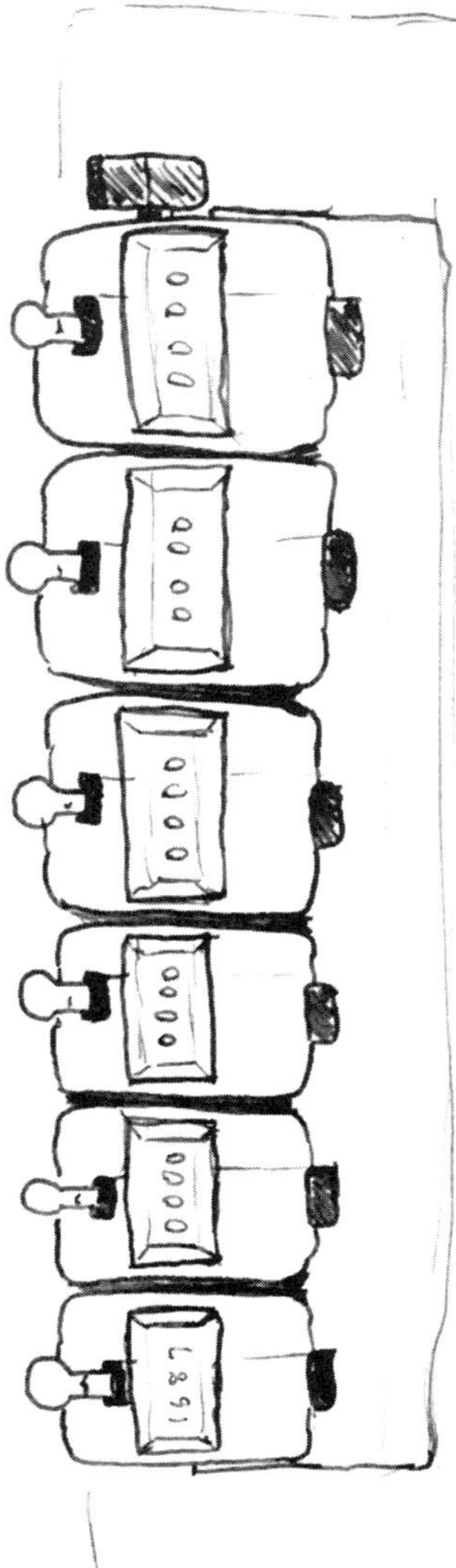

2021 / 4 / 25

14:45 - 15:45

@池袋サンシャイン通り

通り過ぎた人数：1687人.

調査日誌＃2

2021-04-26 MON

14:45

今日も池袋東口でカウント調査。昨日よりもすんなり始められた。ゼッケンか腕章をすれば抵抗感はもっと薄まるだろうけどそこまでしなくても続けられそうだ。風が強く4月にしては肌寒い。髪の毛が吹き上げられる。

15:15

昨日より人出が少ない。今日は月曜だった。こうやって路上にすわった経験が一度もなかったことが不思議なことに思えてくる。どうして椅子を持ってきて自由にすわるだけのことに緊張してしまうのか。もっとカジュアルにすわれる雰囲気でもいいのに。と思いながら、普段自分も路上で何か売っている人や占いしている人を不審な目で見ることがあるのを思い出す。

家にばかりいると曜日感覚がなくなっていく。

人の目線もあるが車や大型車の影響もけっこう大きいのかもとあとから気付く。

15:25

人を数字として見始めている。通り過ぎるたびにただただ数を増やしていく作業。機械的になっていることは別に悪いことではないが、かぞえがいある対象を早く見つけたい。

15:45

いわゆる公共空間にすわっている。そのことが今日は意識された。路上は公共か？ ── それはこうやってすわってみると公共空間というよりも唯の通路でしかないように思えた。人が出発地から目的地までに通過するチューブ。もっとバーとかバーベキューしてる人とか、そこまででなくても何気なく簡単な椅子を持ち寄って談笑している人がいるほうが空間として自然なような気がする。路上は路上から見るとがらんとしていた。

2021/04/26
14:45 - 15:45
@池袋サンシャイン通り
通り過ぎた人の数：993人

このように考えることを「コンパクトシティ」と呼ぶそうだ。友人にこのことを話して教えてもらった
ヨーロッパでは都市の車道を市民のために開放する動きがあるらしい。

家の前で自由にボールを蹴ったり打ったり、安心して走ったりしたいんだよな〜。

偏ったからだのポジションとその先端

小さいころからペンで文字を書くのが苦手だった。それはからだのポジションのせいだったんじゃないか――調査日誌#2のところを紙に書いていて、そう感じた。実はここ半年のあいだに背骨や首について考え直す機会があった。それでなのだろう。知らぬまに文字の見えかた、ペン先の当たりかたなどが自分でもびっくりするくらいに変わっていた。

数か月前のこと。一回目のカウント調査をきっかけに、シックスパッドを試した。あの筋骨隆々な広告を見ては目を逸らしていたのだけど、ヤマダ電機に入り、そこで試してみると、なんだかかなり効きそうにおもえた。実感はその翌日にもあった。腹筋やら手のひらやらが筋肉痛だったのだ。それから購入して、毎日使ううちに、からだの中心軸を支える前、横、後ろの筋肉に力を入れるやりかたがわかるようになっていった。木の枝を砂場に立てるとき、挿したところを周りの砂でかためるけれど、あの感じに似ているなとおもった。前より背筋が伸びるようになった。

こちらは一か月前の話。仕事場でテレビが点いていた。誰もみていなかったのだが、それは点いていて、NHKの『チョイス』という番組が流れていた。トリビアの泉で司会をしていた八嶋智人《やしまのりと》さんがMCの健康番組だ。この日の特集は猫背。ストレッチやらトレーニングやらが紹介されていくなかに、首のこりをほぐすワークが紹介された。てきとうに、テレビに映っているひとと同じうごきをしてみると、重かった後頭部がすっきりした。毎日続けるうちに、前よりあごを引けるようになり、背骨のうえに頭部がすっとのるようになった。

字がきれいに書けなかったのは、きれいに書こうとする意志や反復練習の不足以前に、からだを構成するひとつひとつの部品のポジションががたついていたこともあるていど大きな原因になっていたのではないか。岩場のうえで字を書くみたいな。そんな状態だったのかもしれない。

背骨を支える筋肉がうまくつかえていなかったわけで、だとしたら背骨は人形のようにふにゃんとなる。ふにゃんとした軸から出た腕、そのさきにある指が、精密に動かせるとはおもえない。頭の位置だって前に飛び出ていたのだから、それを支えるためにこんどは背中に負荷がかかり、腰に負荷がかかる。そしたら当然、からだ全体がどこかにその負荷を逃そうとして傾《かし》ぐだろう。それに、猫背の目線は低い。やってみるとわかるが、その目線からだと書かれつつある文字は下に間延びして見える。

「卓上の全ての状況が分かるように背骨はいつもピンと伸ばしておく／手牌の中心の牌が自分の肚…ヘソの真ん前に来ていることを意識して打つんだよ」と黒沢義明《くろさわよしあき》が言っていた。麻雀漫画『天牌』に登場する伝説的な人物だ。『天牌』は麻雀漫画のONE PIECE。麻雀をしないひとにもお薦めだ。いまやジョジョの女性人気がすごいのだから、これから天牌ブームが来ても全然おかしくない。

『天牌』を読んだのは高校生のときだ。当時の自分はこの言葉の意味をつかめていなかった。ペン習字の時間にも、きっと教師や親に「姿勢よく！」と言われていたはずだ。あのときこうやって説明してくれていれば、なんておもうが、そう言われていたって、当時の自分が背筋を伸ばしていたかといえば怪しい。あれはどうしてなのだろう。ぼくはあのころ、だらしないのがかっこいいとおもっていた。というこの文章を、左足だけを折り曲げて椅子にのせ、その太ももに上半身をあずけて、首を左に傾けた状態でタイプしている。

二〇二一年八月三〇日　一二時二三分

調査日誌 #3

2021 - 04 - 27 TUE

10:45

人々の足取りが15時頃よりも早い。せかせかしている。不審がって
こちらを見る人も多い。

11:00

ベージュの服にベージュのハットを被ったおっちゃんが何か言いな
がら近づいてくる。「く？く？く？」とおれに何か尋ねて
いるようだ。正面で立ち止まった。「く？」おれは首を傾げる。
「く？と？」と言われやっと分かった気がする。「区です。」おれは
咄嗟にそう返答してしまう。正直路上にすわることに許可がいる
のかどうか分かっていない。たぶん必要ないがそういう引け目があった。
それで嘘をついてしまった。おっちゃんは「ふうん」と言って去って
いく。

11:20

初めて話しかけられて嬉しくもあったが、しかしどういうテンショ
ンなら自分は路上で知らない人に話しかけられるだろう羨まし
くもある。

道路交通法第五章第七十七条によれば
工事、広告・アーチ・銅像の設置、露店・屋台の出店、
祭礼作事以外は許可はいらなそうだ。

おれの前を下手から通り過ぎる人と上手から通り過ぎる人がいる。当たり前だけど。

11:30

人を数字に換算している。そのことはビッグデータに似たものに思えるけれど自分で一人ずつかぞえていると、人は個々人であって数字になりきることはない。ひとりひとり服装も体も歩き方も違っている。ここ1年、毎日のように人数が報道されているのもあってそんなことを思った。

2021 / 04 / 27
@池袋サンシャイン通り.
10:45 - 11:30
通り過ぎた男性：323人.
通り過ぎた女性：271人.

調査日誌 #4

2021-04-28 WED

11:45

サンシャイン通りをふらふらしているとジャズが流れている。池袋の雰囲気と不釣り合いだ。昼だし。どんなプロセスで選ばれるのだろう。

12:45

1時間でカウントを終える。今日はスーツ姿の女性が多かった。だいたい3人組でサンシャイン方面に歩いていく。新入社員の人たちだろうか。この時期なので全員がマスクをしており、同じ3人組が何度も通り過ぎていくようで少し混乱した。

2021/04/28
@サンシャイン通り
11:45-12:45
男性：554人
女性：505人

このときリンゴォ・ロードアゲインというガンマンを思い出していた。ジョジョの奇妙な冒険7部に登場する男で、彼の超能力《スタンド》が、時間を6秒巻き戻すことなのだ。主人公たちは彼の能力をかけられ、何度も何度も同じ森の道を歩かされる。カウントしながらだったのもあってなにかそんな幻術にかかったかのような感覚があった。

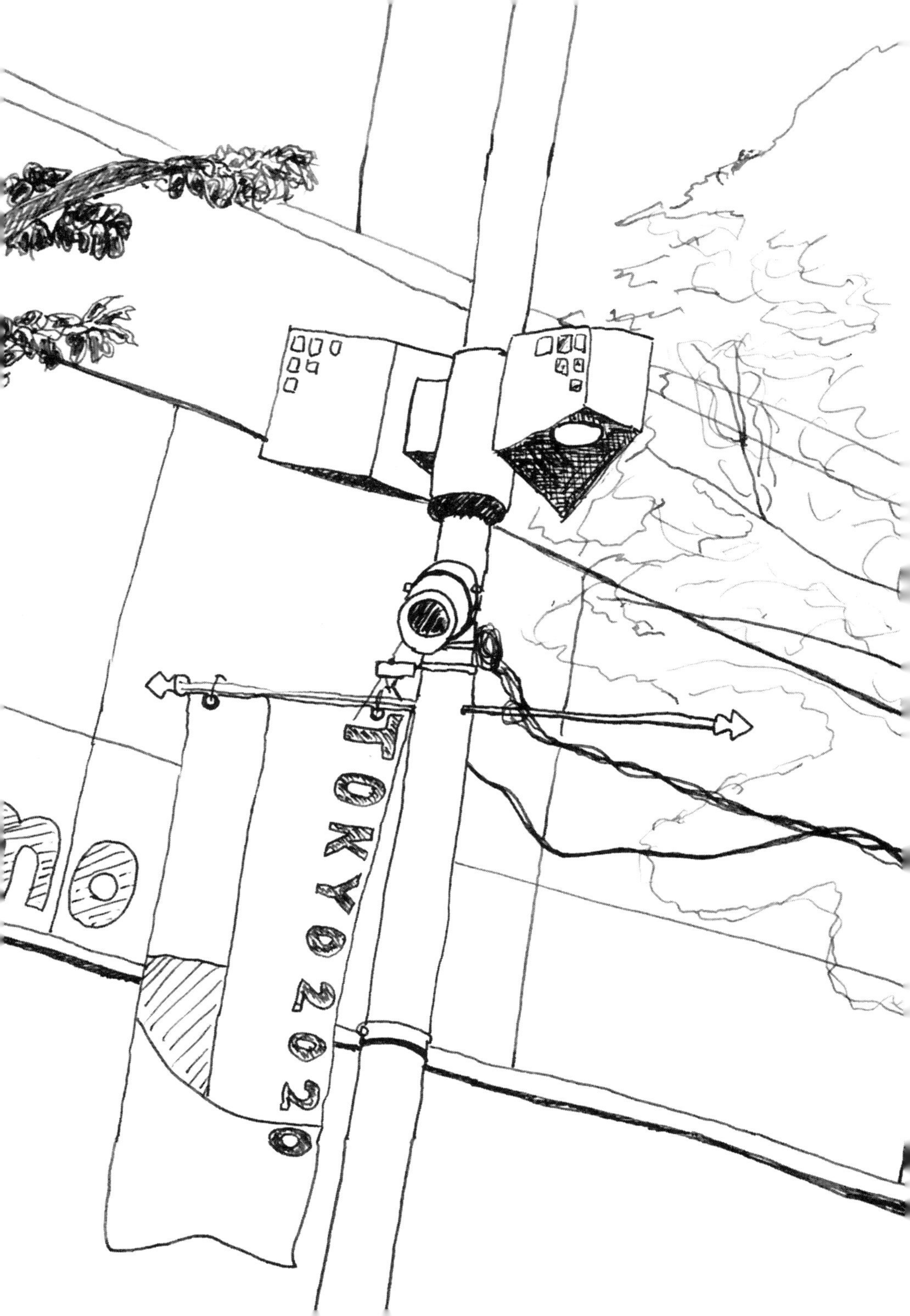
TOKYO2020

調査日誌 #5

2021.04.30 FRI

15:30

池袋西口からWE ROADをくぐってゆくとPARCO本館前に着く。「公園や路上に集まっての飲酒飲食はやめましょう」というアナウンス。音の先に目をやると、警備員風のゼッケンを着た高齢の男性が見える。何かを手で引いている。それは小さなショッピングキャリーで、その上にこれまた小さなラジカセが置かれていた。訝しみながら目で追うと、たしかにそこから音が出ている。古びたラジカセが人の足で運ばれており、そこからハキハキとした東京都のアナウンスが鳴っていた。

15:45

もうすわることに抵抗がない。準備してスッとすわるだけだ。カウント調査を始めてから数年ぶりに一眼レフカメラを使っているのだが、シャッターがおかしくなっているのではと疑っている。他のカメラを使ったことがないので定かではない。詳しい友人にLINEを入れる。

修理に出そうとしたが電機屋に電話すると
もうCANONの対応が終わっている機種だとのこと。
こういうことって近年よく遭遇するけれど、
いつも納得できない。対応終了って…。

16:02

正面の壁の右側のところが他の壁から窪んだようになっていて、そこにピタッとしたジーンズを履いた男性3人がすわりこんだ。自分と同じ街路にすわる人がいたことに軽い仲間意識を覚える。

16:07

3人組の正体が判明。美容師のようだ。通りすがりの女性に「カットモデルどうですか」と声をかけている。そういう目線で通行人を見ている人もいるのか。

16:16

背後の楽器屋からB'zの「まなざしをずっとわすれないで」という歌詞が聴こえる。調べてみるとBLOWIN'という曲だった。Blowin' blowin' in the windというメロディ。本当に風が吹いているようで耳に残る。

16:30

目の前を人が通り過ぎていく。通り過ぎる人を見ている。これはどういうことなのか——なんて考え始めたがどこにも辿り着かない。

真っ黄色の服のおっちゃんが「こんにちわあ、こんにちわあ」と言ってくる。手にはアサヒスーパードライのビール缶。ニコニコしている。その笑顔が怖くて返答できないでいるとおっちゃんはおれの前で立ち止まり、顔を覗き込むようにして目を合わせようとしてくる。目を合わせないように「こ、こんにちは」と言うとあっさり立ち去った。

16:45

明日は通り過ぎる人たちのカバンを数えよう。
リュック、斜めがけ、手持ち、手ぶらくらいかなあ。

2021 / 04 / 30

@ サンシャイン通り

15:45 - 16:45

通り過ぎた男性: 785人

通り過ぎた女性: 864人

編集人
~辻本達也~　1989年生 双子座

慶應大学卒業後2012年iPhoneゲーム開発会社に入社、3年勤める。その間にtwitter検索を通じて様々な身体ワークショップ、言葉のワークショップなどに毎週のように参加していました。

そのうちに舞台表現に興味をもつようになり2016年から演劇に関わらせていただいていました。

2020年、松谷書房を立ち上げ、出版を続けています。

5.
3.
1.
6.
4.
2.

調査日誌 #6

2021-05-01 SAT

15:25

池袋東口に着くと小雨が降ってくる。空は一面グレーで、このまま降り続きそうだ。ロータリー中央の大きな喫煙所の横を通って地下へむかう。喫煙所からも人がこぼれでている。地下ですわれる場所を探すしかない。

15:35

適当な場所はなかなか見つからない。すわっていても怪しまれない場所が良いのだが、だからといって人通りが少ないとつまらない。地下街はどこも平板で目立ちやすく感じられる。

15:45

だだっぴろい一直線の地下通路が見つかった。地下鉄の音がタイルの壁と床で跳ねて反響している。通路の端で折りたたみ椅子をひらく。この瞬間に最も後ろめたさを感じる。

◎カバンの持ちかた6項目

1、両肩にかけている

2. 斜めがけしている

3、片肩にかけている

4. 腕にかけている　5. 手で持っている　6. 手ぶらである

15:45

今日からカバンをかぞえる。カウントをはじめていきなり、両方の肩にトートバッグをかけて歩く女性が通りすぎる。ダブルトート。そんなのあるのか

16:17

腹にポーチを装着している人。これは想定外。個別に集計することにする。

16:27

それにしてもこの殺風景な地下道はなんなのか。ただただ広く長いくせに出口は2つあるだけだ。さっきすわる前に確かめてみたが、ひとつは南池袋公園につながる出口で、もうひとつはパチンコ屋へ直結の出口だった。

ところどころ切れている蛍光灯、広告の貼られていない真っ白な板、剥き出しの配線、ひび割れた壁面。廃墟風の不気味さがある。

16:45

カバンのカウントははじめてだったので雨の日で良かったか

もしれない。カバンを２つ持ち歩く人は意外と多く、だから左の数は通り過ぎた人の合計より多くなっている。斜めがけと片肩が多い結果になった。おれはリュック以外あまり使わない。というのも斜めがけカバンで１日過ごすと肩紐の関係でその後数日体がねじれた感じがするのだ。トートバッグは口が大きくひらきっぱなしなのがどうしても不安だ。トートバッグを持っている人を見ると自分もしたくなって何度も試したが継続して使えたことはない。

服が皮膚に当たるのが気になって眠れなくなることがある。←
トートバッグのこともそうだが神経症傾向と言われた。
この色々なことへの"気になり"を緩めるのが
ここ数年の目標です。

2021 / 05 / 01
@39番40番出口方面地下道
15:45 - 16:45
両肩：45人
斜めがけ：130人
片肩：137人
腕：136人
手持ち：45人
手ぶら：47人

調査日誌#7

2021-05-03 MON

18:45

夜は光がちがう。普段この街を歩くときには思わないことをカメラを持ちながらだと思う。昼になかった光が眩しい。さっきまで風が強かったが今はない。もうすぐ陽が落ちきる。

18:55

中学生の時にビートマニアというゲームが流行った。降ってくる無数の音に合わせてボタンを押すゲームだ。これはゲーセンにもあって、それを模した家庭用コントローラーが桃太郎という南浦和駅前のゲーム屋に中古価格1500円で売っていた。それを1人ずつ買って友人の家でよくプレイした。

あのゲームと同じ感覚を味わっている。正面を次々通りゆく人々を6つにふりわけてボタンを押す。瞬時にカバンの持ち方を判断して指を動かさねば見えなくなってしまう。

なぜ自分はこんなことをしているのか。浮かびかける問を押し戻すように集中してボタンを押す。

19:10

カバンを斜めがけしながら、そのカバンを片肩にもかけ

右側の円盤も回せるようになっており、右手の小指で動かせるとかっこよくプレイできた。

て歩く女性がいた。つまりそのカバンには肩紐が3本ある。

19:13

目がまわってくる。

19:15

服のヨレ具合でどんな持ちかたか分かるようになってきた。何事も慣れるものだ。夜なので肩紐が服と紛れて見えづらい。けれどもリュックの人は服が左右ピシッとしているのに対して、斜めがけの人はねじれている。体全体で判断していけばなんとか漏れなく数えきることができる。

信号が青になり人がドッとやって来る。その間歇的な人流のリズムに段々同期していく。

19:25

手ぶらの3人組が通り過ぎる。

19:30

実は自分も色んな場所で1としてかぞえられている。人口、入居者数、来店者数、乗客者数、来園者数、PCR検査数などなど——今日の東京都の感染者数は708人だったとのこと。カバンを2つ以上持つ人を考慮すると、今日おれの前を通り過ぎた人数もだいたいそれくらいだろう。あれだけの数の人が陽性を告げられていると思うとズシッと来るものがある。

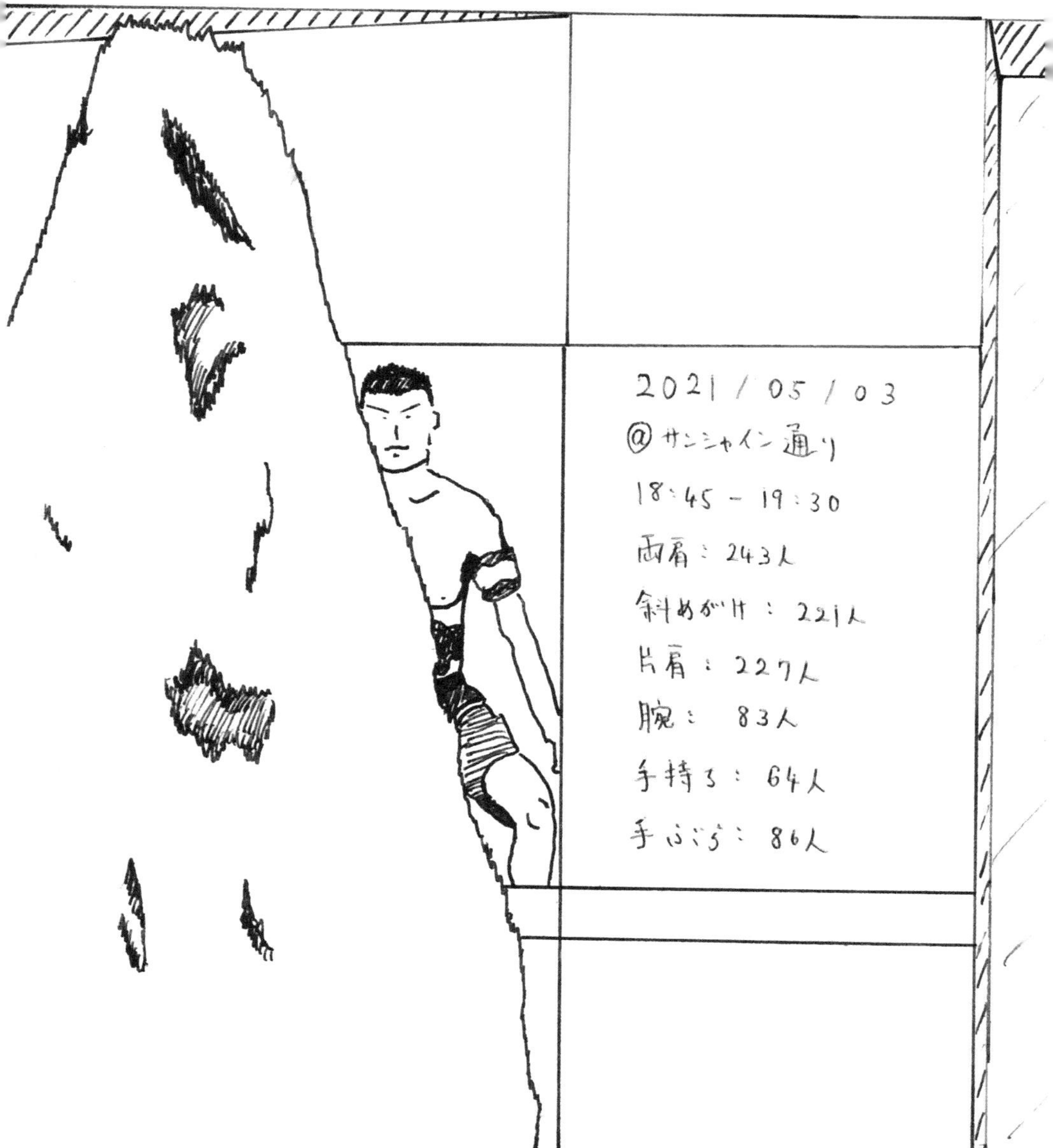
2021/05/03
@サンシャイン通り
18:45 - 19:30
両肩：243人
斜めがけ：221人
片肩：227人
腕：83人
手持ち：64人
手ぶら：86人

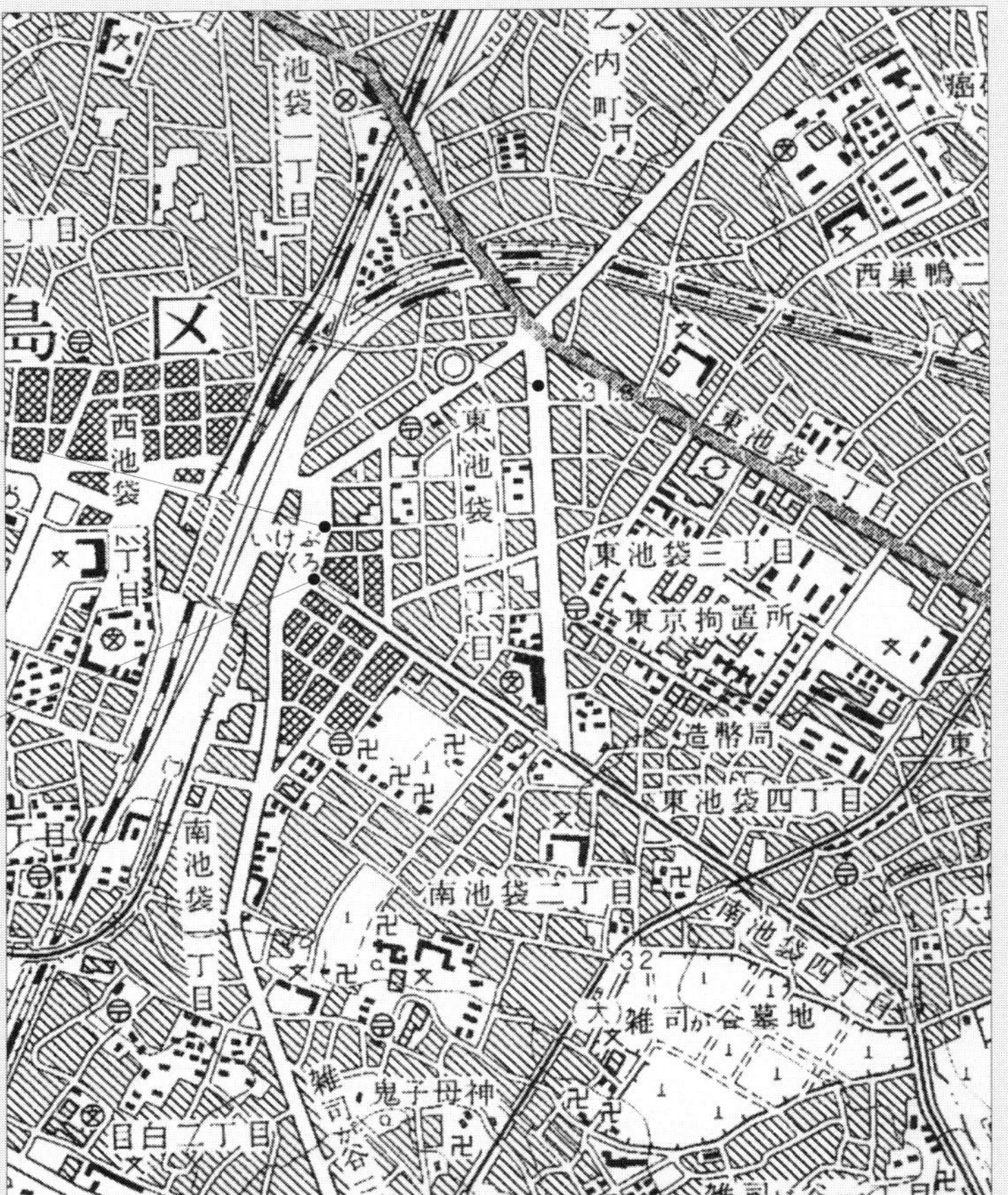

首都高速五号池袋線はまだない（一九六九年に護国寺出入口―北池袋出入口開通）

現サンシャイン通り

路面電車（二〇二四年現在、片側二車線の車道）

一九六五年 池袋駅周辺（国土地理院）

「サンシャイン通り」はいつからあるか？

国土地理院のウェブサイトで地図を遡ると、すくなくとも一九五〇年までは「サンシャイン通り」はない。上の一九六五年の地図を見ると、そこに道が通っているのがわかる。

一九四五年に池袋に住んでおり、当時中学生だった伊藤さんの四月一四日の日記によれば、「深夜から早朝にかけて大空襲。（中略）池袋は一望の焼野原となり、駅の東西は立教大学と中学の校舎を残すのみ」とある。敗戦後、池袋駅前には長屋式のマーケットや露天商からなる「ヤミ市」が多く立った。

一九六〇年代前半、高度経済成長期。池袋駅前の再開発が行われる。高層ビル群が建設されていくその区画整理の中で、今「サンシャイン通り」と呼ばれている道が通された。

一九六五年時点で、この道は、駅と「東京拘置所」をつなぐ道のひとつであった。『第3回戦中戦後の区民生活』（豊島区教育委員会）によれば、東京拘置所には一九三五年前後から一九四五年まで、治安維持法による逮捕者が入所していた。戦後には、GHQによって「巣鴨プリズン」とされ、東條英機らA級戦犯が処刑された場所でもある。一九五八年、再び「東京拘置所」となり、一九七八年に「サンシャインシティ」となった。

（参考資料は巻末へ）

ここ草っぱらキック

鮎川奈央子

#1「なんだ!?」

はっは
ほり
ほり
はっは
ほり
ほり
はっ
ほり
ほり
ほり

んしょ
ギ
キトギ
ブチ
ブチ
あ〜〜いたたた
ヒリ
ヒリ

フー
逃げる居場所から
新しい場所へ
ポーンポーン

今日は
あしたは
1日
毎日
何日
2日
何してた
ナニ

はっはっ
えー
はー！
はーはー！

僕の安心まで
ボン!!

まえ！は
こんなふうに生きてて
君とここでびっくりして逃げて
いって
・・・

どうだったかな
えー
アニャ!!
アニャ!!
ダダダダ
サル山のボスはね
けっこう星みえるんだね
車がじゃまでみえない
ここでおしっこしていいかな
ダダダ
ポンポン
ポンポン
目を合わせて。
目を合わせて。

サムライマック
通報します
ゴミの放置
禁止

10.22-10.30

勝手にカウント調査2023

調査日誌 #8

2023-10-22 SUN

16:22

井上尚弥になっていた。ロナウドは座っておらず、オレンジにベタ塗りされた背景の前で、井上尚弥が左の拳を突き出していた。「そうか、そりゃ変わることもあるよな」という驚きの感情もあって、笑ってしまった。

16:27

数えはじめるのだが、技術は落ちていて、だから初回のように、ただ通り過ぎるひとの数をカウントした。以前よりこちらを見てくる人が多い。緊張がそう感じさせているだけかもしれない。ボタンを押すときの「カシャン」という音が大きく鳴っていて、それで人々はこちらに目をやるのでは。

16:28

旅行者の数はやはり増えている。彼らにとって池袋になにか真新しいものなんてあるのかなと思ったけれど、どんな街でも海外というだけで新鮮なものかもしれない。海外に行くと街を歩くだけで楽しい。ビルの外壁の質感、歩道の材質、広告を覆う文字、ファッションなどのひとつひとつに目新しさがある。

16:31

ベビーカーを押す人が通る。「あっ」と気付いてボタンを押す。赤ちゃんが乗っていた。二年前の池袋に赤ちゃんはいなかった。

16:34

BUMP OF CHICKEN「SOUVENIR」が流れている。主題歌と言っているが、何のかが聞きとれない。右からばかり人が来る。映画館のほうだ。左は駅。風が冷たい。右からも左からもひっきりなしに人が来る。自分の身体を運んで、おれの前を通り、どこかへ着く。動物だと思った。

16:43

落ちついてくる。池袋の街に馴染んできた。人に見られる回数も減った。

2023.10.22 SUN
16:22-16:52
@サンシャイン通り
通り過ぎた人の数：1296人
内、赤ちゃん：4人

調査日誌#9

2023-10-23 MON

16:10

昨日より落ちついた雰囲気の池袋。昨日の緊張とワクワクの適度なバランスが崩れ、緊張感だけが大きくなっている。バックパックからキャンピングチェアを取り出す手がふるえた。数取り器を出すまでの時間が長く感じられた。通行人の視線が気になる。慌てて座った。

16:12

二年前と同じように、見ためがいわゆる男性寄りなのか、女性寄りなのかでボタンを押す。目の前を通りすぎる数秒で判断するなんてかなり適当なもののように思える。カウントするたび、レッテルを貼り、自分のなかの偏見を上塗りしてるんだなと思った。どうしてカウントなんてしているのだろう。

16:14

衣服やアイテムを含む見ためというのは「装い」と言われる。だから嘘でもある。というのも、おれは交通調査員のつかう数取り器をひざにのせているけれど交通調査員ではない。通る人たちはまずおれを見て、妙なものを見たときの顔をする。次の瞬間、数取り器を見て、安心した顔になる。

それは誤った安心なのだけど、それは彼らの今日に影響しない。コミュニケーションというのは、そんなふうに互いに気づくことのない誤解やすれちがいをスルーすることで回っているのかもしれない。

16:16

信号が赤になり、人通りが途切れる。井上尚弥はチャンピオンベルトを巻くように腹にSIXPADを巻いている。

16:17

ある幅の道を通れる人の数は限られている。この道だと多くても六人。その列が一秒ずつやってくるとしても一秒に六回押せばいいことになる。意外に、一気に人が来ても、押すのは間に合う。

16:25

『世界の民族衣装』という本を昨日家でパラパラめくっていた。だからか、街行く人々がみんな別の服を着ていることが変なことのように感じられた。とは言っても、民族衣装はスタイルは同じでもひとりひとりの細かい意図が違っている。そういう意味では、既成品を着る私たちの方が同じ服装かも。

イヤーカフをしたくて、している人がいないか目を凝らしていたが、ひとりもいなかった。

2023.10.23 MON
16:10-16:40
@サンミヤイン通り
男性332人　女性:569人

調査日誌 #10

2023-10-25 WED

16:13

自転車で来た。北区からだと三〇分かかる。自転車の加速度がおれにのっていて、だから、躊躇なく座れた。フラッとこの街を訪れた人はどこに自転車を停めるべきなのかわからず、ふらふら歩いたが、雰囲気的に路上に停めるのは禁止されているような雰囲気で、カウント地点から見える位置に停めた。左に5メートルくらいのところ。

はじめてペンで書いた。日本人で書いたことのある人はどれくらいだろう？

16:14

二年前と同じにおい。ツンとくる。

16:15

法律や条例はパワーをもっている。でもそれはよく見ると紙やディスプレイ上に並ぶ文字だ。もし本当にこれがただの「言葉」なのなら、「だから？」と言って無視できるはずだ。でもそうできない。それが自転車を路上に停めさせない物体におよぼすパワーをもっている。

16:18

自転車で来ると、〝俺の街〟というような気持ちが大きくなるところがある。

16:20

無意識のルールは大きい。歩道にイスを持ってきて座る人はいない。だからわたし

駅前放置自転車等
クリーンキャンペーン
駅前放置自転車等
クリーンキャンペーン

駅前放置自転車等
クリーンキャンペーン

も座らない。アフォーダンスと呼べばいいのかーデザインもある。西口公園や南池袋公園に人は座るのだから、街のあいだを走る歩道もそのようなデザインにすることができるはずだ。でも、それはあたかも座ることができないみたいなかたちになっている。

16:22

年々、スマホを手にもって歩く人が増えているのでは？それを数えるのはあり。

16:30

ここまで、起きたことだけを書いてきた。でも読む人からすれば信じる根拠はない。前方に光の扉があらわれた。開いた扉のすきまから、遠くに自販機が見える。グレーのパンツを履いた人がその前にいて、取り出し口に手を伸ばしている。上体を起こした。金髪だ。手にしているのはビデオテープだった。すっかり気をとられ、数人カウントし損ねた。後ろ姿から判断して慌ててボタンを押す。

16:35

いつのまにか、まっすぐ前のところに、キャンディが落ちている。と思った瞬間、黒い靴がそれを踏んだ。

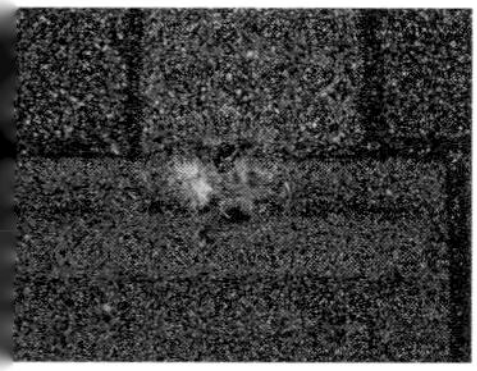

2023.10.25 WED
16:13-16:43
晴ときどき曇り
男性：318人 女性：472人
内.赤ちゃん：4人.

数えることの奇妙さ、あるいはとんとんとんとん

毎日のように自分の前を通るひとの数をかぞえていた。ひとを目で見る。そのひとが右の親指に当てはまるのか、左の親指に当てはまるのか判断する。右の親指を動かす。ひとが「1」になる。よくわからないとおもった。わからなくても、ぼくの親指はつぎつぎひとを「1」にしていく。どのひともこの数取器《かずとりき》にとっては「1」なのだ。

テーブルのうえに赤いリンゴがとんとんとんと置かれている。向こうの壁にアイドルのポスター、展覧会のポスター、ミュージシャンのポスターがとんとんとんと貼ってある。とんとんとんと置かれたリンゴ。とんとんとんと貼られたポスター。ふたつを見較べたとき、とんとんとんが共通するとひとは感じることができる。

とんとんとんと置かれたリンゴのことを、どれも「リンゴ」という同じものだと感じるある種の錯覚力を人間はもっている。というのも、ほんとうはどのリンゴもそれぞれにそれぞれの模様をもっていて違っている。でもそれらは、ぼくら人間にとって、同じ「リンゴ」だ。こんどは、リンゴの「とんとんとん」とポスターの「とんとんとん」をわたしたちは「同じだ」とおもう。そこにも錯覚がある。錯覚とも言えるし、人間のスーパーな力だとも言える。とんとんとんとんとん、ぼくの前をひとが通り過ぎていく。

二〇二三年十月二五日　二〇時二四分

調査日誌＃11

2023-10-26 THU

14:36

「こんにちは、昭和がテーマの舞台やります。よかったらチラシだけでももらってください」ちょうど背後、車道を挟んだ向こうの歩道で、ボブを緑色に染めた女性が声をかけている。

スマホを手に持って歩く人をかぞえることにした。

14:42

後ろの人が「チラシ」と言う回数もかぞえようとしたが、目と耳を同時には難しい。でも面白くなった。

14:43

通り過ぎた直後にスマホをポケットから出すおばちゃん。

14:45

スマホを手に持ってる率たっか!!

14:47

スマホかと思ったら、ガチャガチャのカプセルを持っていた人。

14:51

通る直前にポケットからスマホを出したおじさん。

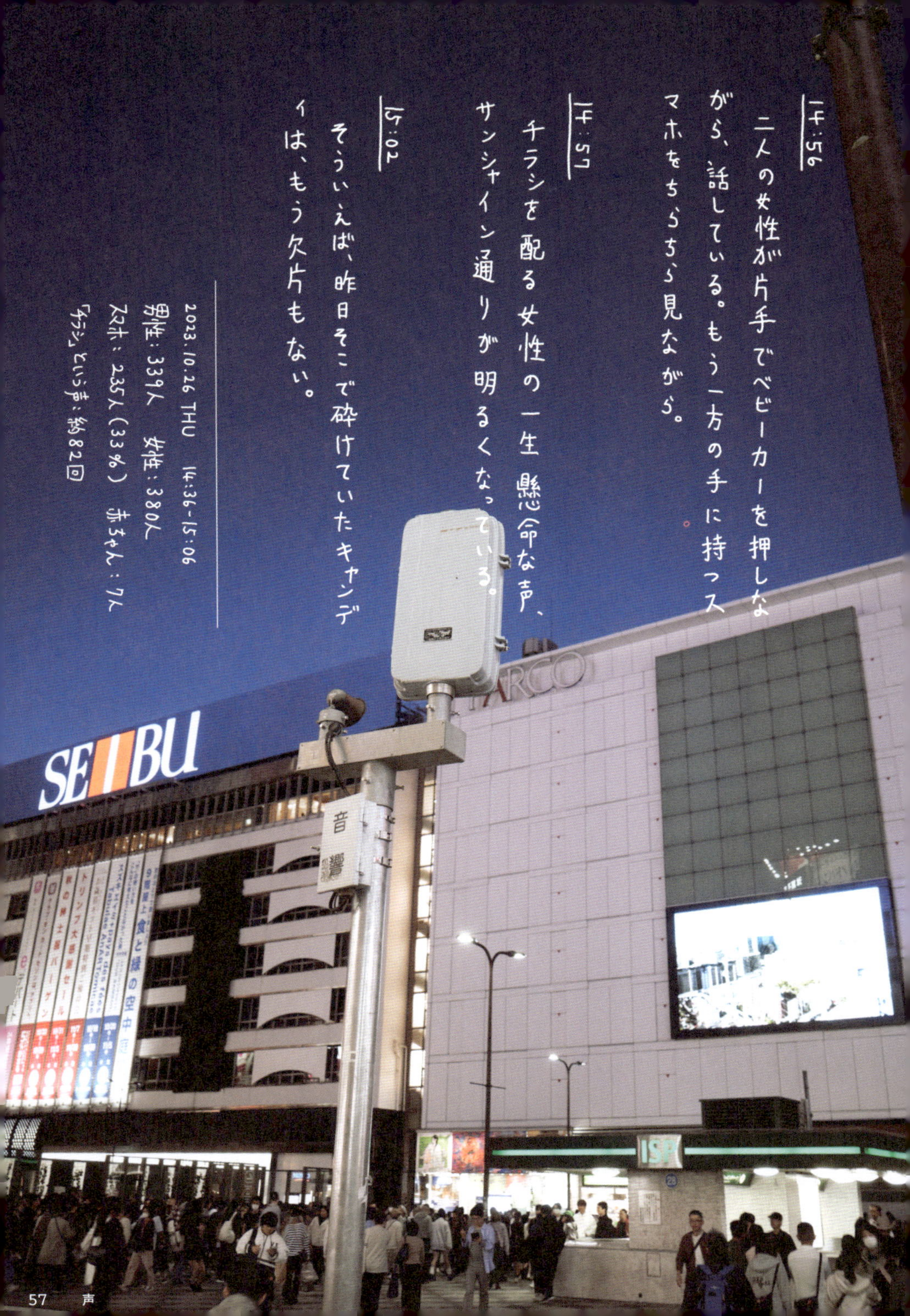

14:56

二人の女性が片手でベビーカーを押しながら、話している。もう一方の手に持つスマホをちらちら見ながら。

14:57

チラシを配る女性の一生懸命な声、サンシャイン通りが明るくなっている。

15:02

そういえば、昨日そこで砕けていたキャンディは、もう欠片もない。

2023.10.26 THU 14:36-15:06
男性：339人 女性：380人
スマホ：235人(33%) 赤ちゃん：7人
「チラシ」という声：約82回

調査日誌 #12

2023-10-27 FRI

16:00

自転車で来た。郵便ポストの裏に停めた。

16:03

臭い。長く嗅いでいると昏睡するんじゃないかというにおい。16時。午後と夕方の間隙のような時間を、人々は過ごすというより、過ぎゆくままにしている。

16:16

スマホをただ手に持っている人が多い。背中を追って見ても、それ以降も画面を見るわけではなかったりする。ポケットが狭いとか、ポケットにものをいれるのが苦手だとか、スマホカバーが分厚いとか、事情があるのだろうか。訊ねてみたい。

16:23

警官が二人、通り過ぎていく。おれを見ることもなく、映画観の方向へ歩いていく。正直、注意などされることを少し期待していた。

近しい文筆家の方々のうちの一部は、自ら派手なこと、インパクトのある事件に巻き込まれようとするところがあるように感じていたのだが、たしかに物を書くことを前提に過ごしていると、そうしたくなる気持ちも分かる。どこか炎上商法に似ている。

2023.10.27 FRI
16:00 - 16:30 @サンシャイン通り
男性：318人　女性：536人
(内)スマホ：263人
(※30.9%)
(内)赤ちゃん：5人

十八世紀以来、自然誌に関する本のなかで、次のような逸話をよく目にする。

ある貴族の男が、カラスを銃で撃ち落とそうとしていた。カラスが彼の敷地に建っている塔のてっぺんに巣を作ったからだ。だが、男が塔に近づくたびに、カラスは銃弾の届かないところまで飛んでいくのだった。そして、男が立ち去るまでじっと待っていた。男があきらめて帰ると、カラスは一目散に舞い戻ってきた。男は仲間に助けを求めることにした。まず、二人でいっしょに塔に入り、しばらくしてから一人だけが塔を出て行った。だが、カラスはこの罠にはまることはなかった。なんと二人目が出て行くまで、注意深くじっと待っていたのだった。三人、四人、五人と増やしても、その賢い鳥は戻ってこなかった。結局は六人で行うはめになった。六人で塔に入り、そして五人が塔から出て行ったところで、カラスは意気揚々と巣に舞い戻ってきた。そして、六人目の猟師によって撃ち殺された。実際のところ、カラスはそれほど数がわかるわけではなかった。

この話が本当にあった話かどうかは、よくわからない。それが、数の能力を扱ったものなのかどうかもはっきりしない。ひょっとすると、カラスは、猟師の外見を一人一人記憶しただけであって、彼らの「数」を記憶したのではないのかもしれない。だが、私はこの話をあえて取り上げることにした。

スタニスラス・ドゥアンヌ『数覚とは何か？——心が数を創り、操る仕組み』

2F 3F 66席

調査日誌#13

2023-10-28 SAT

16:05

いつもの場所にガムが落ちていたので左に10歩ほど移動したところに座る。

16:09

ムリとだけ調査メモに書かれている。スマホを首より上で持っている人、スマホを胸部で持っている人、スマホを腰より下で持っている人。この三種でかぞえわけるつもりだった。

右からの波と左からの波がおれの前でぶつかる。連続で六回ボタンを押す。波が重なり、続いていく。間に合わない。

スマホの持ちかたをかぞえるのは諦めた。

16:21

位置を移動したので、目の前の道幅が二人分広がった。土曜日というのにそれも加わっている。

16:30

「おれなにやってんだ」と思うひまもないほど、人が通り過ぎていく。瞬時に判断して、ボタンを押す動作に変える。土日のカウント調査には瞑想効果がある。『一日の疲れが消える！カウント瞑想の技術』（松谷書房）。"スマホのゲームでいいだろ。なにが違うんだよ。"というレビューを書かれそう。やってみたらわかる。

16：34

　ガムが座る位置を移動させた。そこに棒が一本立っているだけで、よけずに歩けばぶつかる。たとえば、電車にひとつ、たまご「ち」が落ちていたら、誰もがそれを踏まないように足をうまくコントロールするはずで、それは環境とのダンスとも言えるだろう。

2023.10.20 SAT
16：05 - 16：35
@サンシャイン通り
男性：447人
女性：989人

調査日誌 #14

2023-10-31 MON

16:09

サングラスを忘れた。

16:12

「何を食べたいか」と今日このあと会う占い師からLINEが来ていて、考えながらかぞえている。

SUGARさんとの連載に関するはじめての打ち合わせだった。新宿三丁目のタイ料理。「神秘と冗談」というキーワードが出た。

16:18

スマホではなく、定期入れを持っている人がけっこういる。改札はまだだいぶ先なのだけど、もう定期入れを手に準備しているのか。

16:19

カップルが来たとき、今までは左の親指と右の親指を順々に押していた。でも、同時に押せばいいじゃんと気づいた。

16:22

今季、最後のカウント調査だ。なので「なにか大発見を」とおもうのだが、どうだろう。でも、まあ同時に押せばいいと気づいたことだけでもパーソナルな新発見。

16:23

エルメスの革のスニーカーを履いたおばあちゃんが通った。うちの祖母が履いていたのをおもいだす。実はコロナ以降、祖母にも祖父にも直接会うことができていない。「感染るから来ないでくれ」と言われている。電話すると元気だが、できるだけ家のなかにいるのだとすると筋力が心配だ。

16:27

中学生のカップル。どちらもスマホを手に持っている。

16:37

おれの左に鋭角の三角形型をした木がある。明日も明後日もここにいるのだろう。おれが二年前、ここに座っていたときにも植わっていたのだろうか。いまは秋だから、葉がすこし濁った緑色をしている。

16:39

女性だったのに男性のボタンを押してしまったときは、女性のボタンを押し、次の男性のボタンを押さなければいい。

2023.10.30 MON
16:09 - 16:39
@サンシャイン通り
男性:324人
女性:487人
(内)
スマホ首より上:13人
スマホ胸部:156人
スマホ腰下:76人

TRAINING GEAR
SIXPAD
XPAD商品の全ラインナ ップをご体感いただけます

失われた世間を求めて

第1回　世間師

SUGAR（西洋占星術家）

（占いコラム）

「世間が狭くなったなあ」。

二〇二三年の暮れ、迫りくる年末仕事の合間にXのタイムラインに『社畜！ 修羅コーサク』という漫画の紹介ツイートが流れてくるのを見て、島耕作シリーズの連載開始時期をググったり、今年の異世界転生ものにどんな作品があったかを振り返ったりしているうちに、ふと心に浮かんできた言葉がそれだった。

本家の『課長島耕作』が連載開始されたのは、四〇年以上前の一九八三年。当初はオフィスラブや不倫など男女の混沌とした描写がテーマだったのが、次第に会社に貢献するサラリーマンとしての姿をテーマとした描写に変わっていったのだとか。逆に言えば、当時はそれくらい、現実生活に夢を見ることができたということだ。ただし、作品内の主人公の役職が数十年かけて『部長～』から『取締役～』、『常務～』、『専務～』、『社長～』と順調に出世して、ついに『会長～』、『相談役～』ときて『社外取締役～』というところまできて、ついにそのキャリアも頭打ちになってきたというわけだ。

そして、そのタイミングを待っていたかのように江戸パインによる『社畜！ 修羅コーサク』が島耕作をパロディしたサラリーマンギャグ漫画として『ヤングマガジンサード』誌に連載開始されたのが二〇一六年。これは東京から無法の都・墓多《はかた》に左遷された会社員・図画コーサクが周囲で起こる修羅の国特有のトラブルを持ち前の〝社畜スピリッツ〟と〝社畜技〟で乗り切っていくというパロディ作品だが、その単行本第一巻の表紙の帯には島耕作シリーズの作者・弘兼憲史《ひろかねけんし》の「私は許した」というコメントを本作の「黙認」と共に寄せている。これは異世界転生ものがライトノベルを中心にジャンルとして大きな勢いを持つようになっていった時期ともちょうど重なっており、二〇一〇年代後半以降はそうした異世界転生ものの原作がコミック化そしてアニメ化されるようになっていき、その勢いはいまだ衰えていない。もはや人びとの想像力においては、真面目さと俗っぽさと男の欲望とを混ぜ合わせたような島耕作的な人間が活躍できる余地は、現実の日本社会の中にはないのだろう。そんな感慨もあって「狭さ」、そして「世間の狭さ」という言葉に落ち着いたのかも知れない。

「世間が狭い」と言えば、通常ならたまたまお互いの知り合い同士がつながっていることに気付いた時などに、どちらかと言えば喜びと戸惑いを半々くらい宿らせつつ使う慣用句だが、この場合はむろんそうではない。

もう過去の歴史などはほとんど忘れてしまったような記憶喪失的な現在において、ひたすらチェーン店のチラシのような広告メッセージとそれに対する判で押したようなレスポンスの反復だけが起きている仮想世界に閉じ込められているかのようで、なんだか息苦しいのだ。

こう感じてしまうのは「占い師」という筆者の職業も多少なりと関係しているように思う。仕事として何かを占う際には主に占星術を使っているが、星の観点から二〇二四年やその先の未来のストーリーを思い描こうにも、例年にも増して、どうにも霞がかかったように手垢のついた記号や概念のその先の視界が開けてこない感じがついてまわる。

最近だと「セルフケア」という言葉が特にZ世代のあいだで最重要キーワードとなっているといった記事や言説を目にする機会がずいぶん増えてきたが、これも自分自身を気遣ったり労ったりする時間や機会さえもが商業目的に占有され、陳腐な表現になり下がっていく瀬戸際にあることの裏返しにすぎない。そして、そんな風に思えば思うほど、それが流行っているとされる「社会」がひどくうすっぺらで、まがいもので埋め尽くされた世界のように思えてくるし、こんな風に変わってしまう以前の、まだ世間が広くて風通しがよかった頃の記憶や伝承について、私自身すっかり忘れていたことさえ忘れてしまっていたのかも知れない。

例えば、二〇二三年および二〇二四年は、太陽系のなかで最も大きな約二五〇年という公転周期をもつ冥王星が二〇〇八年以来に星座を水瓶座へと移動させるという点では同じ動きが見られ（星座の境い目で順行と逆行を繰り返すため）、占星術界隈ではこの冥王星の水瓶座入りをもって二〇〇年ほど続く「風の時代」の本格的到来とするという見方もあるが（ここでは趣旨とずれるためその詳細は省く）、そもそも冥王星が今と同じ位置にあった約二五〇年前の一七七〇年代末の（江戸時代後期にあたる）日本社会がどんな世界だったのか、その暮らしぶりをポンと聞かれて自分の言葉で語れる人はほとんどいないだろう（ちなみに冥王星は天文学的には二〇〇六年に準惑星に降格されたが占星術的には今なお惑星扱いされている）。

そんなの歴史学者じゃなければ当たり前じゃないかと思うかも知れないが、そのへんの庶民が、自分の曾祖父やもっと前の世代の話を共有できていたのは、そんなに昔の話ではない。民俗学者の宮本常一が、自分の足で訪ね歩いた数十年にわたる取材記録をもとに書いた『忘れられた日本人』の「世間師（一）」という章には、次のような一節が出てくる。

「日本の村々をあるいて見ると、意外なほどその若い時代に、奔放な旅をした経験をもった者が多い。村人たちはあれは世間師だといっている。旧藩時代の後期にはもうそういう傾向がつよく出ていたようであるが、明治に入ってはさらにはなはだしくなったのではないだろうか。村里生活者は個性的でなかったというけれども、今日のように口では論理的に自我を云々しつつ、私生活や私行の上ではむしろ類型的なものがつよく見られるのに比して、行動的にはむしろ強烈なものをもった人が年寄りたちの中に多い。これを今日の人々は頑固だと言って片づけている。」（一九八四、岩波文庫、二一四頁）

本が刊行されたのは一九六〇年だが、ここに出てくる「世間」という言葉は「Society」の訳語として明治期に「社会」という言葉が使われるようになる以前からある言葉で、したがってその意味するところは似ていても、おのずと「社会」よりも広く、そこからはみ出していくようなニュアンスが含まれているのではないだろうか。

宮本は「世知に長けた者」という意味での「世間師」という言葉をこの本の中で象徴的に用いているが、一方で「女の世間」とか「子供の世間」、「年寄りの世間」といったように、人がその中で育まれ、揉まれ合うコミュニティという意味でも使っている。つまり、そこでは人はたえず複数の世間のなかに生きたり、ひとつの世間に行き詰まったらよその世間へ出ていくことが前提とされており、世間師というのは言わばそうした〝世間の効果的な鞍替え〟の大ベテランというわけだ。

そういう意味では、思想家の東浩紀が『弱いつながり』（二〇一四）で提唱した「観光客タイプの生き方」に近いとも言える。日本人というのは基本的に一箇所にとどまって、ずっと頑張っていく正社員のような「村人タイプ」の生き方を好み、内と外とを明確に分けて、ウチで連帯していこうとするが、ときどきそれに反発して「旅人タイプ」の生き方をしていく人も出てくる。ひとつの場所にこだわらず、どんどん環境を切り替えて、広い世界に飛び出して成功していこう、一発逆転の〝〇〇ドリーム〟を追っていこうといったような。

世の中の人生論というのも、大抵この二つのどちらかに分かれるが、東が提唱しているのは、そのどちらでもなく、あくまで村人と旅人のあいだを往復するものであり、簡潔な定義として「村人であることを忘れずに、自分の世界を拡げるノイズとして旅を利用すること。旅に過剰な期待をせず（自分探しはしない！）、自分の検索ワードを拡げる経験として、クールに付き合うこと」（『弱いつながり』、五四頁）をその内容として挙げている。

そして実は、ここに出てきた「（人生に入ってくる）ノイズ」ということと、人間のもつある種の弱さや欲望ということは密接な関係がある。

「人間は弱い。欲望をコントロールできない。ときに愚かな行動もとる。しかしだからこそ社会を作ることができる。旅に出るとは、そういう愚かな可能性に身を曝すということでもあるのです。」（同、一一三頁）

「そういう非合理性が、人間関係のダイナミズムを産み出している。もし人間に性欲がなかったら、階級はいまよりもはるかに固定されていたでしょう。ひとは性欲があるからこそ、本来ならば話もしなかったようなひとに話しかけたり、交流をもったりしてしまうのです。その機能は「憐れみ」ととても近い。」（同、一一二頁）

おそらく、世間師の本質というのも、自分や関わる相手に「ノイズの取り入れ」を促していくことにあり、そのための手段として、旅に出たり、愚かな可能性に身を曝していったのだとも言えるのではないだろうか。ここで「世間師（二）」に出てくる、大川という名の易者さんの話が思い出される。

「易者の旅は一度出ると、二年くらいはかかる。旅から旅を人に請われるままに歩いていく。よい易者だと評判が立つと、一つの宿に十日も二十日もいることになる。半分は相談相手のようなもので、身の上のことから、農業、漁業なんでもきく。大川という人は見聞がひろく、何でも書き留めているので、旅先のそうしたいろいろの話をしてやる。たいていの人が納得していく。しばらく一つの村にいると、つぎの村からきてくれということになる。金は決して沢山とらぬ。支度はどこまでもうす汚い。それで誰でも気軽に相談ができる」（『忘れられた日本人』、二五六頁）

まさに「芸は身を助ける」という言葉を地でいっていた訳だが、これは占いでなくても、歌が上手だったり、ちょっとした大工仕事ができたりとか、比較的なんでもよかったようだ。とにかく、そうした〝手に職〟を元手にあちこちのコミュニティをめぐって、相談を聞いたり、ただ黙って一緒に釣りをしたり、人と関わっていったのが世間師で、そこにはいわゆる芸人とは一線を画す矜持があったらしい。先の大川という易者の言として、次のような話も書き記されている。

「左近さん、世の中には困ったり苦しんだりしている人が仰山いなはる。それがわしらの言う一言二言で、救われることもあるもんや、世の中にはまた人にうちあけられん苦労を背負うてなはる人が仰山いる。ま、そういう人に親切にしてあげる人がどこぞにいなきゃァ世の中すくわれしません。わしら表へたって働こうとは思わんが、かげでそういう人をたすけてあげんならん。」(同、二五三頁)

宮本はこうした世間師たちが、戦後になってその価値をどんどん失っていったことについて、左近翁という別の人物によせつつ、次のようにも述べている。

「この翁の知識は生きて行く上に必要なものをその時々に身に着けている。そしてそれによって生きついできたのである。が最後にひろい世間を見てきた知識は、それを村がもっとも必要とする頃に翁はもう老いて村人の第一線には立てなくなっていた。そして甲子園の躍進日本大博覧会を村人が見に行くのについて村人が案内をたのむとか、高野山の案内をたのむとか言った風なことに、翁の広い世間をみた知識が利用せられるだけで、過去のものになっていった。」(同、二五八頁)

「それにしてもこの人の一生を見ていると、たしかに時代に対する敏感なものを持っていたし、世の中の動きに対応して生きようとした努力も大きかった。と同時に、このような時代対応や努力はこの人ばかりでなく、村人にもまた見られた。それにもかかわらず、その努力の大半が大した効果もあげず埋没していくのである。

明治から大正、昭和の前半にいたる間、どの村にもこのような世間師が少なからずいた。それが、村をあたらしくしていくためのささやかな方向づけをしたことは見逃せない。いずれも自ら進んでそういう役を買って出る。政府や学校が指導したものではなかった。」(同、二五九頁)

おそらく、かつて世間師が担っていた役割や機能は、現代の日本社会でも様々な職種の人たちが何らかの仕方で、ひそかに受け継いでいるのだとは思うが、それらが社会の中で十分な評価を受けているとはとても言えないだろう。むしろ、感情労働とかシャドーワークという形で、給与や報酬に換算されず、ことごとく無視されていくなかで、亡霊化してしまっているように思える。

特に、先の「世の中には困ったり苦しんだりしている人が仰山いなはる。それがわしらの言う一言二言で、救われることもあるもんや、世の中にはまた人にうちあけられん苦労を背負うてなはる人が仰山いる」という言葉をかみしめてみると、例えば令和の新宿路地裏でたむろする若者たちが追っているのも、そうして亡霊化した世間師の後ろ姿なのではないかという気がしてくる。

彼らは狭い世間に追われつつも、世間の広がりを追っている途上にあるのだ。

そして、その点においては私自身もまったく同じである。おそらく、若者に限らずともそういう人は少なくないだろう。

宮本は死の直前の一九七八年に刊行した自叙伝『民俗学の旅』の中で、「進歩のかげに退歩しつつあるものを見定めてゆくことこそ、われわれに課されている、もっとも重要な課題ではないかと思う」と書いていたが、この宮本の言葉は二〇二四年以降の世界に生きる私たちにとって、ますます重みが増していくはずだ。

そうであるならば、現代では亡霊化して社会の中で見えにくくなってしまったか、すっかり忘れ去られてしまっている世間師的なるものの痕跡や記憶を、筆者としてもささやかながらここで取り上げ、少しでも世間を広げていくための手がかりを探してみたいと思う。そしてそれは少なからず、いまだ占い師としてピンと来ていない冥王星という天体の星座移動が人びとのあいだで産み出していくストーリーとも同期していくことだろう（水瓶座冥王星期は二〇四四年初頭まで続く）。

次ページにて、これからの世間師及び世間について、試みに十二星座ごとにそのイメージを占ってみよう。

（第一回脱社畜する島耕作編）

世間をひろげる十二星座

牡羊座

「ゲゲゲの鬼太郎」と墓場の運動会に参加している妖怪たち。おばけにゃ会社も仕事もなんにもない。

牡牛座

みずから光合成する小さな藻類と寄生して生きる菌類の二種の異なる植物から成る「地衣類」と彼らの共生関係。彼らは一緒になることで、いずれも単独では生存できないような過酷な環境（灼熱の砂漠や山頂の残雪、真空状態など）に適応していく。

双子座

そもそも作った意図がわかなかったり、まったく役に立たない無用の長物を「超芸術」と呼び、それらを街中で発見・鑑賞していた赤瀬川原平を中心とした路上観察学会の面々。

蟹座

土地土地に伝わる民話や伝承を山を越えて収集しては語りを通じて伝えていく語り部と、その語りを聞いて自分の血の中にも民話は流れているのだと感じる聴衆たち。

獅子座

戦争で家族や財産を失いながらも、駐屯兵たちを客に取る「パンパン」となってたくましく生き延びていった女たち。

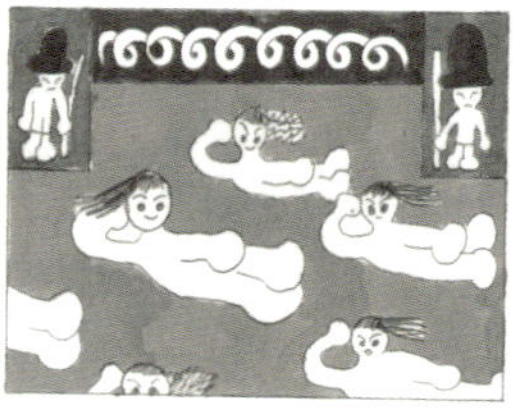

乙女座

「逍遥学派」と呼ばれた古代ギリシアの哲学者のグループ。このネーミングは、プラトンが遊歩（逍遥）しながら講義した習慣に由来しており、このスタイルは弟子のアリストテレスらにも継承されていった。

illustrator : hcy

ラッキーモチーフ

天秤座

サウナと風呂と適度なくつろぎ空間がそろった繁華街の健康ランドと、そこに集まっては思い思いに過ごしている多種多様な都会の人間たち。

山羊座

映画『もののけ姫』のエボシ御前と、彼女が積極的にタタラ場へ迎え入れた身売りされた娘たちや業病患者たち。

蠍座

映画『グッド・フェローズ』で描かれたような、一九五五年から一九八〇年にかけてのニューヨーク・マフィア界で生きた男たちと、主人公の顛末。

水瓶座

ギタリストから『楢山節考』で小説家としてデビューした後も、若者二人を連れてラブミー農場を開いてそこで一緒に住んだり、今川焼屋になったりしていた深沢七郎。「くらがえすることは楽しいことだと私は思っている。」

射手座

「ゾミア」と呼ばれている大陸部東南アジアの丘陵地帯にすむ焼畑農耕民。彼らはこれまで「古い生活を残している人たち」と考えられてきたが、近年になって実は戦略的に原始性を選択することで定住型国家から逃げてきた人たちと考えられるようになってきた。

魚座

映画『男はつらいよ』シリーズの寅さんや彼を受け入れる柴又の街と人びと。

（フラッシュフィクション）

増殖の条件

辻本達也

五〇五六番でよばれますので、こちらでお待ちください。

　わたしは座った。ピンク色のクッションがグレーの脚にひっついた椅子、ベンチ。着替えの入ったバックパックから個人番号カードを出しておく。わたしは全力で、わたしの運転免許証の存続のために行動していた。

　一週間前、二〇二四年四月一四日、わたしはレンタカーを予約するところだった。犬を遊びに連れていくためだった。アプリをひらく。昼のＪＲ武蔵野線車内は、いつものように、牧歌的な空気がぼんやりと漂っていて。景色は晴れていた。スクロール。いくつかある車種の中からてきとうにコンパクトカーのスイフトをタップする。

　免許証の登録をしてください――

　というダイアログが表示される。「あれ、前に登録しなかったっけ」とおもいながら、わたしは免許証をとりだし、有効期限や名前、発行日時などを入力する。送信するのだが、また、

　免許証の登録をしてください――

　おかしい。でも、インターネットを介した登録にはこのようなことはよくあるものだから、何度かやればいけるだろう。そうおもっていた。何度トライしても同じことが続いた。妙だ。なにか見落としている。登録画面を指で上下に動かす。電車が彩湖にかかる橋を渡っているのが、水面がちらっと見えたのでわかった。

　わたしはハッとした。免許証の有効期限には平成三五年と書かれてある。が、これは西暦何年だ。まさか……。

　それは去年だった。だから、すでに期限から七か月が過ぎていた。

　わたしは免許証の更新期限切れについて、警視庁のページをひらいて読む。六か月以内であれば、いくらかの手続きは必要ではあるが更新ができると書いてある。そこからわたしは、何度も、わたしの免許証に記されてある平成三五年九月から今月の平成三六年四月までが何か月であるのか、指折り数えた。今日数えれば、それは変わっているのではないか。昨日は数え間違っており、今日数えればもしかして六か月なのではないか。電車でも、職場でも、トイレでも、風呂でも。毎回、期待した。そんなことは起きない。

　絶望感が体を覆っていた。というのも、六か月を超えているわたしには、一度や二度では合格する可能性がほとんどないと言われる技能試験と学科試験を受けるか、再び教習所に通うかしか道は残されていなかった。どちらも十万円以上の費用がかか

る。持病の治療のこともあり、そんな蓄えはない。なにより、勉強や試験のための時間をとる時間的余裕がわたしにはなかった。

　新宿運転免許更新センター、神田運転免許更新センター、府中運転免許試験場、鮫洲運転免許試験場、江東運転免許試験場、警視庁総合相談センター、警視庁交通部などに、わたしは隙間時間に電話をかけ、なかなか繋がらないながらも辛抱強くかけ続け、仕事でどうしても更新できなかったなどと言ってみたものの、もちろん許されるわけもない。


　わたしはこのまま運転免許を失い、車をしたければいつでも運転できるという自由を失うのだろうか。学生時代、運転免許のために飲食バイトをしていた時間が思いだされる。リビングルームの端で、犬が寝息を立てている。親指、人差し指、中指。十月、十一月、十二月、一月、二月、三月、四月。小便に立ち上がる。避妊具のような――膜がいつのまにか全身を覆っていて、それがところどころで引っ掛かりながら、引きずりだされる感じがした。その先にわたしがいた。わたしが座っていた場所に、わたしが座っていた。わたしはわたしの顔をしていた。自撮りしたときの、あのどうにも咀嚼しきれなさが残る顔。


　目の前のわたしは、四角いものを持っている。免許証だ。こちらを向いて口の端ですこし笑った。その表情があらわすものがわたしにはよくわかった。それをこっちに見せた。印籠みたいに。

　わたしの顔写真。その免許証は期限が切れていなかった。二〇二九年、つまり五年後だ、更新期限が切れていない。そしてどうしてか住所が鹿児島になっていた。鹿児島にわたしは行ったことがない。

「そっちの免許証は処分しておいて」

　目の前のわたしはそう言った。

「二人で一枚だけど、まあ、それはなんとかなるとして。食費とか部屋が問題なんだ。……や、ちょっと話が早いか」

「早い」わたしならなにか話題を逸らすようなことを言うだろう、とおもった矢先、「さきにトイレに行ってきたらどう？」と言われた。

「ああ、じゃあ――」

　リビングにはもちろんまだわたしがいて、紙にペンでメモをしている。横顔がおもっていたより美しくなかった。目の前のわたしは、メモを見せながら免許証について話し始めた。話を聞きながら、目の前のわたしの頬の肉をひっぱった。持ち物を確認した。経歴や人に話していない出来事について質問した。どの返答もわたしだった。途中で、チャイムが鳴ったが出なかった。それからわたしたちは、免許証の住所変更のこと、当面の食事や衣服、仕事、パートナーと住んでいるここに三人で暮らすことの現実性について、意見を出し合った。

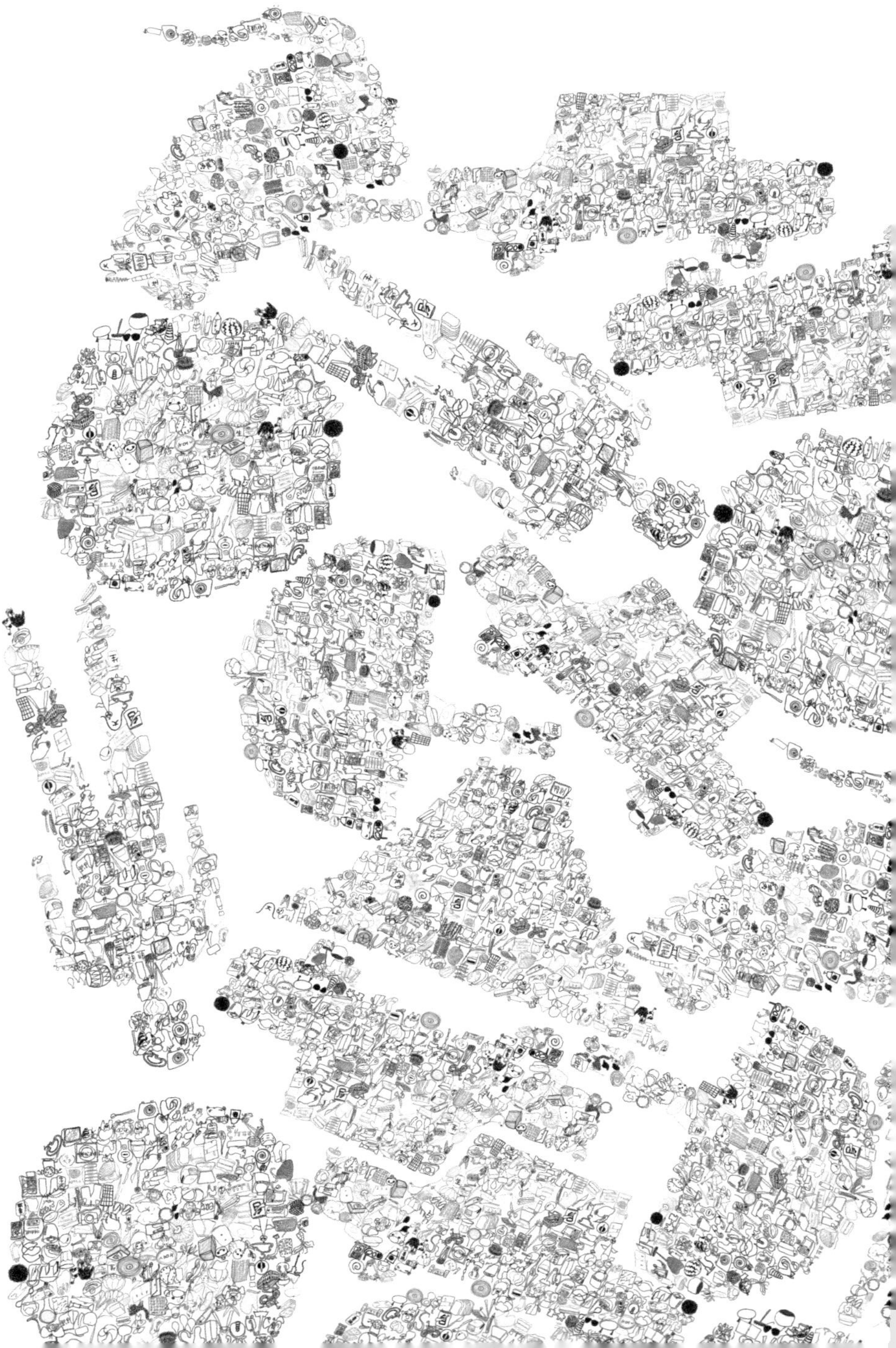

＃1 映画『シェーン』を観ようとしているときのアタマのなか

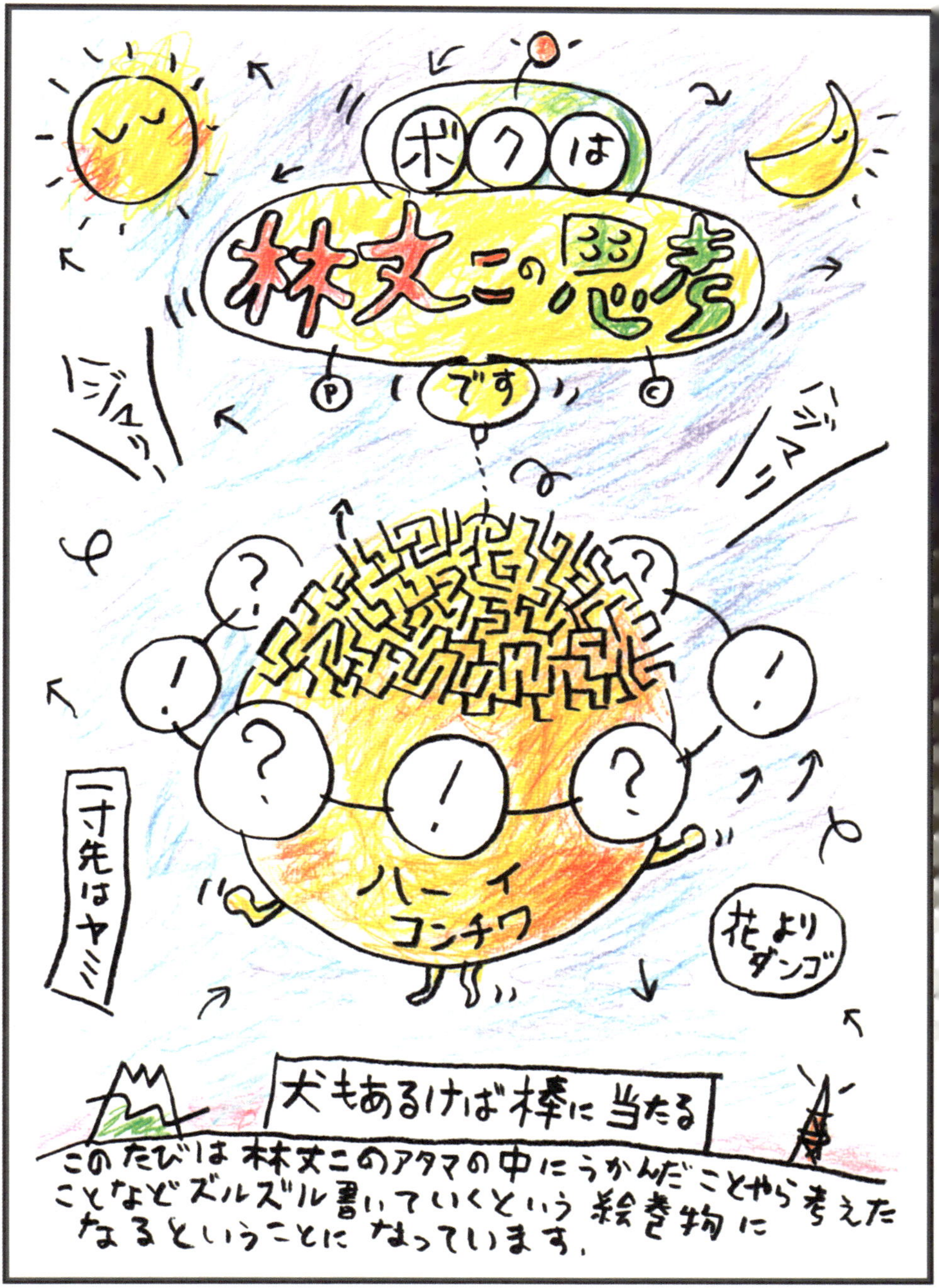

イラストレーター
路上観察学の仕掛け人
林《はやし》 丈二《じょうじ》

ということで
まず頭の中でグルグルと
出てきたのが
って、
赤瀬川原平《あかせがわげんぺい》さん
やあ どーも
↗もう、元気だったらこんなかんじでしょう。
その元気なころの赤瀬川さんに

1985年11月に
かいたときの
あかせがわさん

そしたら、即座に、

「ジャック・パランス」

と答えました！！

あの西部劇「シェーン」に出てくる悪役の早うちガンマン

「えって、そうですかねって、たしかに少しは似ているけど……」

ネットで見たらコレがでてくる
右手のみ

いやあ、似ているよー。あごの四角い、いかついかんじとか、若いときはそっくりだと思った。

個性的な悪役をえらんだのがさすがあかせがわさん

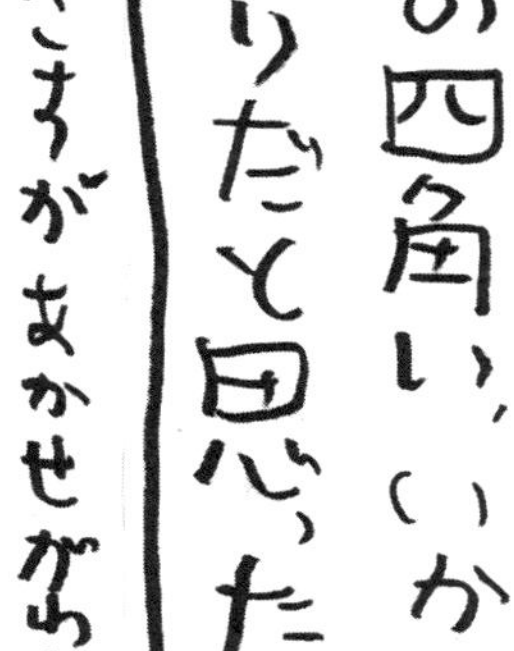
こんな顔つきで
ジャック・あかせがわ
パランス

すこし話があとさきになりますが、シェーンの初公開は昭和28年（1953）

リバイバル公開は昭和37年（1962）。ボクが高校生になった年。

有楽座やスバル座もあったけど、一番行ったのはここ

日比谷映画劇場

（有楽町駅下車徒歩約五分）にて見た『シェーン』は

ボクが初めて一人で映画館に見に行った西部劇映画です。

そのころの映画館は

放映の途中からでも入れました。

シェーンのときは開始時間も調べず

行ったら、すでに

立見もふくめて

超満員！

しかも

というか

早くも

ラストシーン！

ジバ〜ッ!!

同じ頃ここで「007ロシアから愛をこめて」ヒチコック「鳥」も見た

当時はとにかく見たいから思いついたら出かけた

なぜ
トシーンから
たのか？

年だけでなく
しょにシェーンを
る ② いつのまにかジョーイが
ガンベルトをまねて作っていた
気になってDVDを見なおすと
カメラワークに利用されている。

シェーン
DVDで あらためて さいごのシーンを 見たら
ジョーイ
犬
去って行く……そこで 子役のジョーイが 「……！」とさけぶ直前
せっかくだから
すぐ近くの 立見客の一人が
もったいないから
（観客の誰もがかたずをのんでいるところで）
「シェーンカムバック」
と声に出して言ったのです!!
（ジョーイよりも早く）
ということで
シェーンカムバックがボクのココンエーコンのはじまりだった。
◎というところから ボクのシェーンは再出発
この事件は さすがにショックだったので、未だにわすれられない

「シェーン」の失敗でこりて、日比谷映画での

西部劇
↓
『リバティ・バランスを射った男』の時は

二時間も前に受付窓口に行きましたが、
これは早すぎて、次の人が来るまで一時間以上
途中、外国人に道を聞かれたり、つかれました

リー・マーヴィンは
けっこう西部劇に
出ているがほぼ悪役

そのことより、この映画での脇役 リー・マーヴィン
(悪人のリバティ・バランス役)
がすごく印象的だったのでここで紹介しましょう。
ネットで検さくするとすぐ出てきました。

このリー・マーヴィン
が登場した
とき、シェーンの
ジャックパランス
と同じ黒帽子
黒ベストだったので
リーがジャックを
リスペクトしているなと
思いました

ピストルを持つ手の小指がかっこいい

完全に主役を食った

このときこの
リー・マーヴィンを
おそらく
リスペクトして

少し口を
半びらきにする
のが とくちょう

バック・トゥ・ザ・フューチャーⅢで
悪役タネンを演じた
トーマス・ウィルソンは そうとう
なりきっていたことがわかります。

名演だった

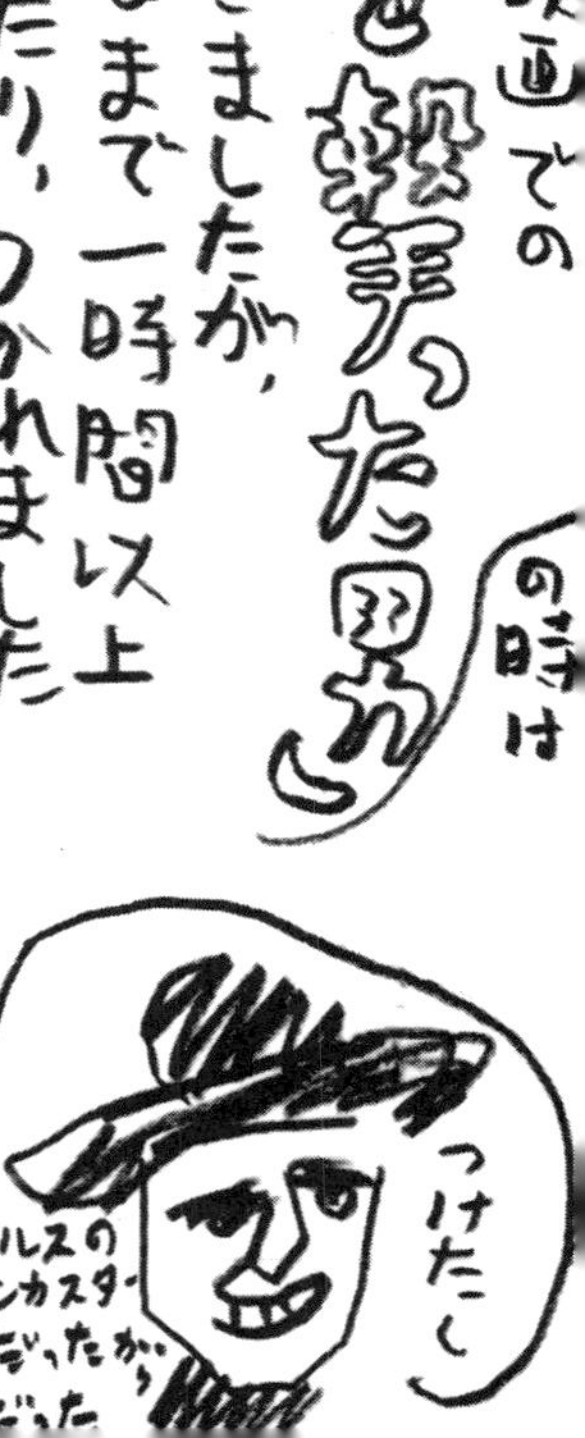
ベラクルスの
バートランカスター
も悪役だったが

◎へ ここでまた時間をまきもどして

むずかしい

ボクはまったくジーンアーサーをしらなかった

ジーン・アーサーがいいぞ あのハスキーな声が

というアドヴァイスをうけ、

ものすごく長く流れていた

気をとりなおして、日比谷映画劇場のイスにすわった

ボクは「シェーン」を最初の場面から見た。

ヴィクター・ヤングのあのテーマミュージックが流れる……

馬にのったシェーンが現れ……平原にポツンと

一軒家と、先ほどからこれを書いているのを知った

我が家内が、このシェーンのロケ地で食べたハンバーガーがすごくおいしかった。景色もすばらしかった。

と、ずいぶん前に、イエローストーンに日食のツアーで行ったときのことを……。

世界の日食を見に行っている

⑨ それはともかく、平原の丸太小屋からまだテーマミュージックが流れているのに何やらハスキーな女性の歌声がきこえてきます

夕食のしたくをしながらウタをうたってる

ファンになった

昔のジーンアーサーのイラストをかこうとしたけれど〜とくちょうがない

と、ここまでやってきましたが
まだジョーンの道の
先は長い！我ながら
思った以上に自分の中の
頭の中の迷路に
はまっているというか
自分では面白くなって
きました。とはいえ
なかなか先にすすまないなあ
とは思っています。
こうして文字やイラストを
かいているうちに
考えてもいなかった記憶が
よみがえってきて、その
忘れていたことから、
その前の忘れていたことが出てきて

……これとこれか

つながって、、、
頭の中では?があって!があって、
その先というか奥に?があって、
それをさぐっていくと!があり・・・、
しかもこれらの?、!、?、!、?は
一本の線でつながっているんだけれど
どうもそれが頭の中では
あっちへ行ったり、こっちへ行ったり、
転がったり、消えかかったりして
いるんだけれど、ちゃんと今うに
至ってつながっているんですね。
それをちゃんと八ッ裂りして
みようというのが今回やっているってことになります。

この転がりが一生をおもしろくしている

← つづく

編集後記

　シリーズ一冊目は、とにかく手を動かしてつくってみよう、形にしようというところから始まった。僕は今までものをつくることをしてこなかった。働くにしても、会社やら団体やらの既《すで》に組み上げられたシステムに入り、適応し、効率的にタスクをこなすようなことだけをしてきた。それが悪いわけではない。ただ、今回ゼロからどうにかものをつくろうとしたことは、自分にとって、対岸にこんな景色があったのかと気づくような体験であった。大げさではなく、何か根本的に今までと違う人間にならなければ通り抜けられない工程だった。素早くなにかを間違いなくこなすことや取引先や上司のしてほしいことに合わせて成果物を出すことと、つくることはまるで違っていた。そのことを知っているようでまるで知らなかったのだ！　結果的には新しいものにならないかもしれない。それでもどうにか新しいものをつくろうとする。そのことが、こんなに壁にぶち当たり続ける作業なのかと思い知るとともに、自分で自分に課題を与え続ける日々の噛みごたえを知る時間でもあった。

　書店にひろく流通する本をつくろう。そう具体的に動きはじめたのは、二〇二三年秋のこと。出版というものをなんにも知らなかった僕は取次という言葉を知らなかった。表紙や本文をどんなデータで印刷会社に送ればいいのかも知らなかった。ひとは知らないものを買うことはできない、だから広報や営業が必要なんだということも知らなかった。モニタに映る色とインクがつくれる色は違っており僕のモニタの色と印刷会社のモニタの色も違っていて、なのでそれらの色を合わせること自体がひとつの技術なんだということも知らなかった。本には重さがあり自宅の二階を在庫置き場にするにしてもそれが三千冊積み重なったときの重さに床が耐えられるのか計算しておかなければならないなんて思いもよらなかった。二〇二四年現在書店数は右肩下がりで紙の価格はあがっており物流も変革期であるそんな時期だなんてことももちろん知らなかった。定価を決めるのに最終的にどれくらいの値段がいいかについてはある幅を超えると「エイヤ！」と決めるしかないみたいだぞと知って心細くなった。紙を一気に切断するのは物理的な刃がやっておりそれには誤差があるから実際に印刷したい画面よりも外側まで画像を保険として配置しておくといい（＝塗りたし）ことも当然知らなかった。本の文章は書いたものをただ並べているだけではなく細かく字間についても英字・数字・約物のフォントについてもひとつひとつ選ばれているというその手間も知らなかった。書籍も書店も数が多いから流通管理のために書籍の情報を標準化する必要がありそのための組織があることも知らなかったし、事業をはじめると勝手に書類の量が増えていくのでファイルのような事務所的インフラがけっこう必要になることも全然分かっていなかった。

　でもひとに相談すると、多くの方が丁寧に教えてくださった。そのおかげで、ここにひとつの本を完成させることができました。執筆者の方々、取次・印刷会社の方々、それから、これから関わるであろう書店の方々、そして書籍にまつわる知見をブログや本のかたちで残してくださった方々、僕の愚痴や相談をきいてくれた方々。みなさんのおかげです。ありがとうございます。本当は紙の原料を採取している方々や、糊をつくっている方々、それからここまでくると紙を発明した誰かやその紙を束にして綴じようとした誰かにも言及したくなりますが、これはいつかの一冊の冒険にとっておきましょう。（T）

Contributors

鮎川奈央子　Ayukawa Naoko

一九九五年、山梨生まれ。いきものがすきで、馬、ゴリラ、犬が特に好き。粘土や絵で制作をしている。夏休みみたいな感じで、いきいきとした漫画を描いていきたいなと思います！

SUGAR　シュガー

一九八三年、東京都文京区生まれ。九十年代後半に起こったオウム真理教事件、酒鬼薔薇聖斗事件。この二つの事件に衝撃を受け、事件の背景に深く関心を抱く一方で、中学三年時にユング心理学、高校一年時に占星術と出会い、独学を始める。二〇〇九年より占星術家として本格的に活動を開始。

林丈二　Hayashi Joji

一九四七年、東京都練馬区生まれ、荒川区育ち。生来、道草をする資質が強くあり、今では「一生、どれだけ道草を楽しめるか」という生き方を進めている。一九七〇年代に「マンホールの蓋」に興味を持ち、後に『マンホールのふた（日本篇）』、『マンホールの蓋（ヨーロッパ篇）』にまとめる。その際、マンホールの蓋の歴史調査から、明治時代の資料、特に「明治時代の新聞の世界」に没頭、「明治時代の街の様子、街の細部」を丹念に記録するようになる。合わせて、フィールドワークとして「東京二十三区を全部歩く」という目的を持ち、一九八六年、路上観察学会に参加、「より深い道草の世界」に入り込んでいる。

辻本達也　Tsujimoto Tatsuya

一九八九年、大阪生まれ、埼玉県出身。二〇一二年、スマホゲーム開発会社に入社。二〇一三年、Twitterでワークショップと検索して出てきたものに次々参加する。二〇一五年、介助の仕事を開始。二〇一六年より、演劇団体「マームとジプシー」にて継続的に出演。二〇二〇年、出版社を立ち上げる。

Book Link

『ジョジョの奇妙な冒険 Part7 スティール・ボール・ラン』7巻、荒木飛呂彦著、集英社、2006年

『数覚とは何か？――心が数を創り、操る仕組み』ドゥアンヌ・スタニスラス著、長谷川眞理子、小林哲夫訳、早川書房、2010年

『分類という思想』池田清彦著、新潮社、1992年

『カネと暴力の系譜学』萱野稔人著、河出書房新社、2006年

『天牌 麻雀飛龍伝説』2巻、来賀友志（原作）、嶺岸信明（作画）、日本文芸社、2000年

『100年前の写真で見る世界の民族衣装』ナショナル ジオグラフィック編、日経BPマーケティング、2013年

『第3回 戦中戦後の区民生活』豊島区立郷土資料館編、豊島区教育委員会、1989年

『豊島の空襲 戦時下の区民生活』豊島区立郷土資料館編、豊島区教育委員会、2003年

『知るということ――認識学序説』渡邊慧著、東京大学出版会、1986年

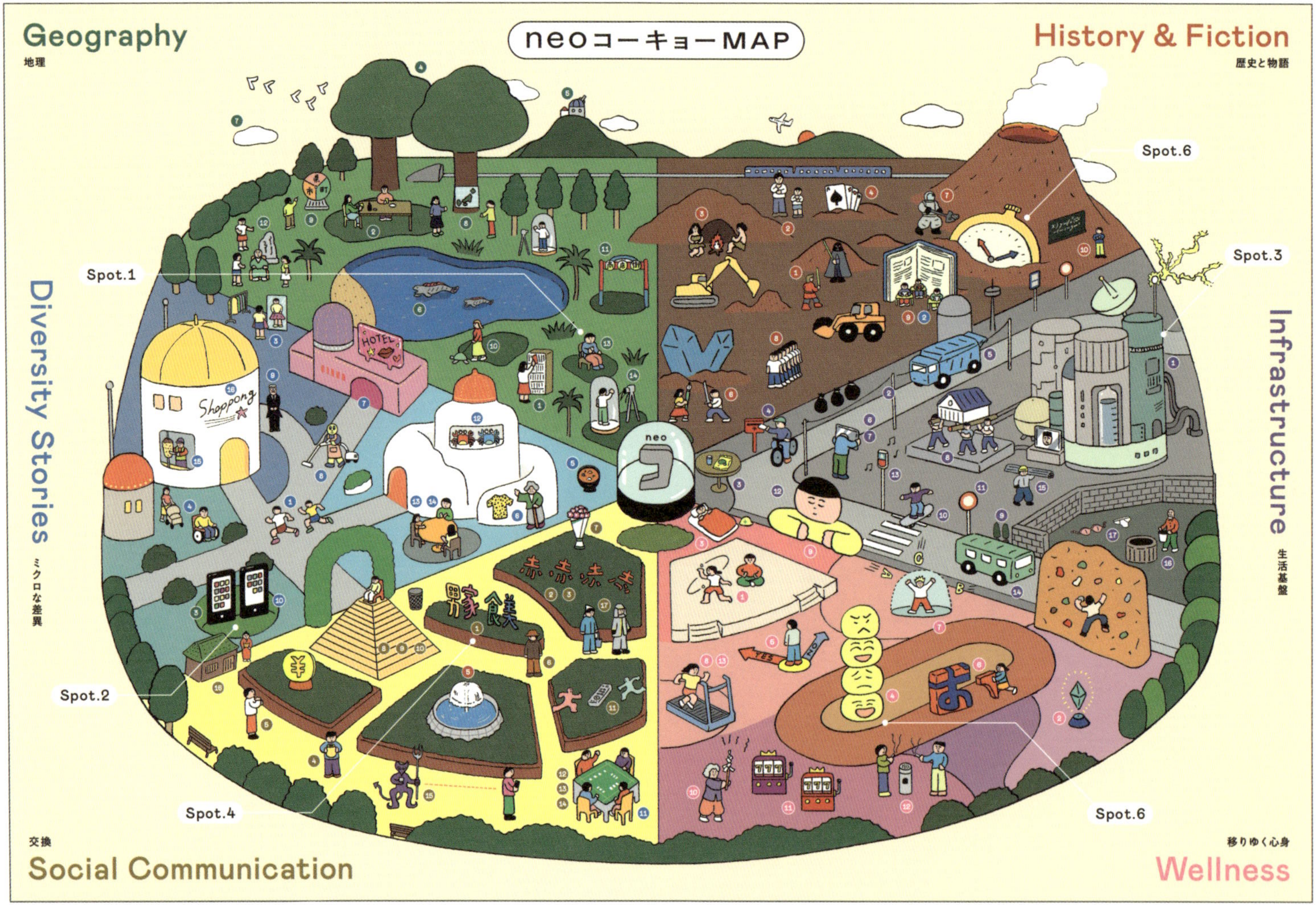
neoコーキョーMAP
Geography
地理
History & Fiction
歴史と物語
Diversity Stories
ミクロな差異
Infrastructure
生活基盤
Social Communication
交換
Wellness
移りゆく心身
Spot.1
Spot.2
Spot.3
Spot.4
Spot.6
Spot.6
HOTEL
Shoppong
neo
YES
NO
赤赤赤赤
男家食美

neoコーキョーシリーズ
フェーズワン ラインナップ

Spot.1
勝手にカウント調査をはじめよう

——路上に７日間座って、人の数をかぞえつづけたらどうなったか？

2024 年 9 月刊

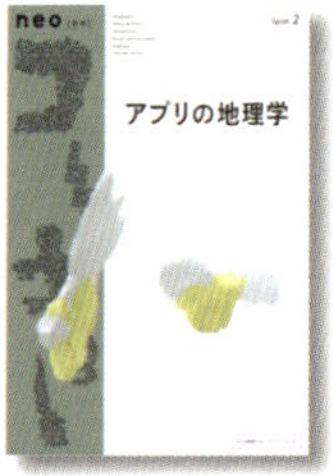

Spot.2
アプリの地理学

——あなたはスマホにアプリをどうやって配置していますか？

美術家／照明家／デザイナ／テレビマン／創薬研究者／店長…

2024 年 9 月刊

Spot.3
インフラがあらわれた

——自宅の秘密が見えてくる

建築／電気ガス水道／美容室／防水工事…

2025 年 1 月発売予定

Spot.4
ウイルスに一文字の漢字をつくろう

——令和に新しい漢字誕生！

漢字学者／ウイルス学者／手帳類収集家…

2025 年 1 月発売予定

Spot.5
頭の重さを測ろう

——ラクな体をつくるコツは頭の重さにあった？

リハビリ研究者／道具デザイナ／車椅子生活者…

2025 年 5 月発売予定

Spot.6
最小の歴史
ペットカメラから見える犬の姿勢を記録しよう

——私が最寄駅まで歩く時間は歴史になりえないのか？

2025 年 5 月発売予定

『neoコーキョーMAP』

Illustrator. ———————— 中山信一
Designer. ———————— 根津小春

neoコーキョーシリーズの100の企画をイラスト化。それらを６つのエリアに配置した地図。A3サイズの『neoコーキョーパンフレット』(2021, 松谷書房)に大判が収録されている。

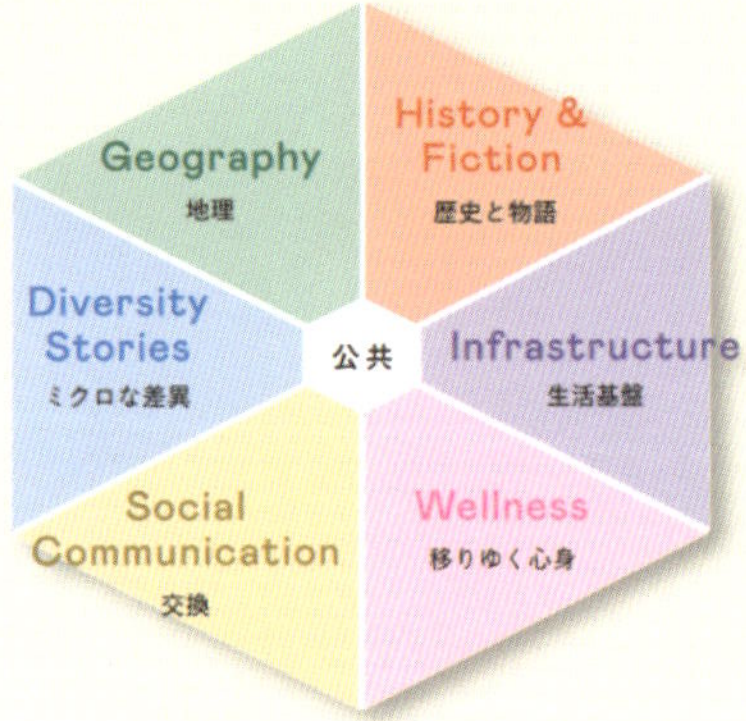

HP https://neokokyo.com
Twitter @neokokyo
Instagram @neokokyo

neo コーキョー 1
勝手にカウント調査をはじめよう

2024 年 09 月 30 日 第 一 刷 発行

発行・編集・デザイン
辻本達也

ロゴ
黒川岳

表紙アート
佐貫絢郁＋藤田紗衣

協力
H.K.

印刷
シナノ書籍印刷

発行所
松谷書房
080-3029-9010
neokokyo.com

mail : tsujimoto@neokokyo.com

Printed in Japan
ISBN978-4-910446-01-1